シリーズ　旧約聖書に聴く

ヨシュア記に聴く
主の約束を信じ、主に従う

柴田敏彦［著］

いのちのことば社

まえがき

　ヨシュア記は、荒野の旅を経て到達した約束の地カナンへのイスラエルの侵攻、および相続地の分割にかかわる記録です。それが個人名「ヨシュア」を冠する訳《わけ》は、モーセを継いでイスラエルの指導者となり、これを導き約束の地を受け継がせる使命を担いきった「主のしもべ」ヌンの子ヨシュア一代の記録であることによります。

　しかも、ヘブル語の聖書原典においてヨシュア記は「前期預言者」に含まれており、サムエル記などと同じグループに属しています。それは、ヨシュア記が単なる歴史の記録文書ではなく、「教えの書」であり、神の約束（ことば）が成就していく過程を語るものであるゆえと解されています。この書は、その過程に関わるヨシュアの信仰の記録として読むことができるものであり、神の祝福のうちにいかにしてとどまり続けるかを教えるものともなります。そもそも、出エジプトを経験した戦士たちの中で（五・四）、約束の地を自らの足で踏み、神の約束の確かさを確かめ得たのはカレブとヨシュアの二人だけでした。その唯一の理由が「神の約束を信じた」信仰のあり方によるものでした。ヨシュアを戦いのリーダー、ヨシュア記を「戦いの書」と見るのではなく、ヨシュアを信仰のリーダー、ヨシュア記を「信仰の書」とするべきものなのです。そして、その信仰の対象は神ご自身であり、神の約束であり、それを果たす神の全能の御力となります。神自らが「わたしが」と繰り返し告げられるように（二四・二～一三）、アブラハムから始まるイスラエルのカナン定住への歴史は、すべてが「全地の主」なる神（三・一一、一三）の摂理的配剤と真実な導き、およびその力強い御手によるものです。

この点で注意すべきは、カナンの地の住民を聖絶することを命じ、その地をイスラエルに与えたのは、アブラハムへの約束によるものであると同時に、「さばき」との一面をもつ宗教的な出来事であるということです。「そして、四代目の者たちがここに帰って来る。それは、アモリ人の咎が、その時までに満ちることがないからである」（創世一五・一六）とあるとおり、人間の側の罪・咎の問題が「さばきを迎えざるをえない程度」にまで至っていたことによるのです。イスラエルの侵攻は、「その地も汚れている。それで、わたしはその地をその咎のゆえに罰し、その地はそこに住む者を吐き出す」（レビ一八・二五。ヨシュア一一・二〇参照）と告げられた、聖にして義なる神から出たことであり、さばきの手段として用いられていることになります。

一章から五章は、ヨルダン渡河に始まるカナンの地への侵攻の備えを記します。ヨシュアの指揮のもと、ヨルダン川東岸のシティムを旅立ったイスラエルは、上流のアダムでせき止められたヨルダン川を渡り、ギルガルに宿営します。渡河に先立つエリコへの斥候の派遣、ギルガルでの記念碑建立に続く割礼と過越の祭りが特筆されます。六章から一二章はカナンの地征服の記録となり、エリコが完全に破壊・聖絶されるなかで、ラハブの一家が救いを得ます（六章）。アイの攻略失敗がアコルの谷でのアカンへのさばきに帰結して後、アイの町は二度目の戦いで廃墟となります（七～八章）。

続いて、南部の連合軍（エルサレム、ヘブロン、ヤルムテ、ラキシュ、エグロン）との戦いとなります。ヨシュア軍と盟約を結んでいた（九章）ギブオンの住民からの救援要請を受け、ヨシュアはこれらの軍勢を打ち負かし、アゼカとマケダに至るまで追討し（一〇・一〇）、勝利を得ます。ただし、「これらすべての王たちと彼らの地を、ヨシュアは一度に攻め取った。イスラエルの神、**主**がイスラエルのために戦われたからである」（同四二節）と記し、ヨシュア記はこの戦いを信仰の目で見ることを教えます。

北部同盟軍（ハツォル、マドン、シムロン、アクシャフなど）との戦いは、メロムの水のほとりでのヨシュア軍の急襲に始まり、「**主**は彼らをイスラエルの手に渡された」（一一・八）との勝利となります。南北合わせて三十一人の王がヨシュア軍のもとに下ったのです（一二章）。

一三章から二二章はカナンの地のくじによる割り当ての記録です。ヨルダン東岸では、アルノン川より北方のヘルモン山までの地をルベン、ガド、マナセの半部族が受け継ぐ

（一三・一〜三二）。西岸の地では、ギルガルでのくじにより、ユダ、エフライム、マナセの半部族の相続地が確定し（一四〜一七章）、残る地はシロでのくじにより、ベニヤミン、シメオン、ゼブルン、イッサカル、アシェル、ナフタリ、ダンの部族に割り当てられます（一八〜一九章）。相続地をもたぬレビ人のためには、各部族の相続地より四十八の町が取り分けられ（二一章）、その中には、特別に定めた六つの「逃れの町」が含まれていました（二〇章）。ルベン、ガド、マナセの半部族の戦士たちがヨルダン川東岸の相続地に戻る際に起きた内紛の危機は、祭司ピネハスを団長とする調査団の派遣により回避されます（二二章）。

二三章は、ヨシュア晩年の告別説教であり、「あなたがたのために戦ったのは、あなたがたの神、主である」（三節）、「主にすがりなさい」（八節）、「主を愛しなさい」（一一節）と告げ、「心を尽くし、いのちを尽くして、知りなさい。主があなたがたについて約束されたすべての良いことは、一つもたがわなかったことを」（一四節）と説き聞かせるのです。

そのうえで、最後の二四章では、シェケムでの契約更新となります（一〜二八節）。アカン事件後のアイ攻略後に「ゲリジム山とエバル山でののろいと祝福の交唱」（八章）によって神の祝福に生きる「神の民」としての道を確かめさせたヨシュアでしたが、ここでは民に実に三度、「私たちの神、主に仕えます」と誓わせたのです（一八、二一、二四節）。

ヨシュアは百十歳で死に、自らの相続地であるティムナテ・セラフの町に葬られます（三〇節）。

イスラエル各部族に割り当てられた地と逃れの町

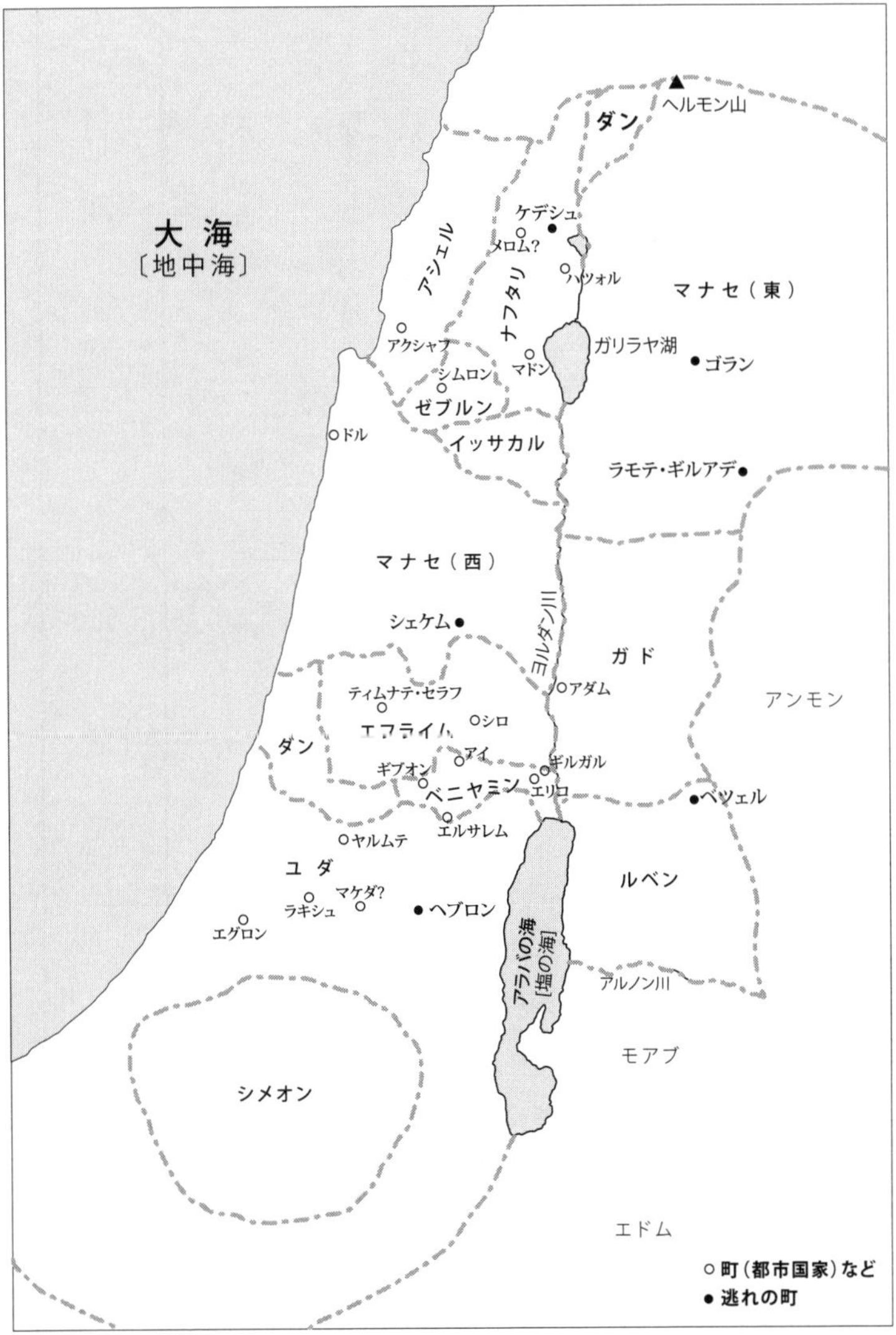

目次

1　雄々しくあれ

〈ヨシュア一・一～一八〉

ヨシュア記は、約束の地を受け継ぐための信仰の戦いを記した書です。私たちも約束の御国を受け継ぐ者として、地上での信仰の戦いの中に歩を進めています。ご一緒にヨシュア記を読み進めつつ、信仰者として御国に至る歩み方を確かめる機会としたいと思います。また、御国を受け継がせてくださる神の御業への信仰を培われたいとの願いをもって、このヨシュア記を礼拝にて学ぶことといたしました。

「**主**のしもべモーセの死後、**主**はモーセの従者、ヌンの子ヨシュアに告げられた」（一・一）。

ご覧のとおり、ヨシュア記はモーセの死をもって始まります。そのモーセの死の場面は、すぐ前のページ、申命記最終章の三四章に記されています。特に七節には、「モーセが死んだときは百二十歳であったが、彼の目はかすまず、気力も衰えていなかった」とあります。百二十歳ですから元気盛りとは言わないまでも、なお心身共に健康であったのに、といった書き方です。そんなモーセに死は神がお定めになった特別な仕方で訪れました。申命記三四章五節には、「こうしてその場所で、主のしもべモーセは主の命によりモアブの地で死んだ」と記されています。あのモーセが約束の地を踏むことなく、ただモアブの地のピスガの頂から遠く眺めただけで終わったのは、エジプトを出てからの四十年の間に犯した一つの「信頼の裏切り」[*1]のゆえでした。民数記二〇章に記されている荒野のメリバテ・カデシュでの事件です。ここでは扱うことはしませんが、その結果、申命記三四章四節にある「わたしはこれをあなたの目に見せたが、あなたがそこへ渡って行くことはできない」との神よりの宣告を受けることになったモーセ[*2]でした。

そんな失敗はあっても、モーセは特別です。ヨシュア記に戻りますが、二節で「わたしのしもべモーセは死んだ」と主ご自身がモーセを「わたしのしもべモーセ[*3]」と呼ぶのです。

しかし、夢にまで見たでしょう、約束の地カナンを前にして、モーセは倒れたのです。イスラエルにとっては、まさに地上の太陽とも言うべき大指導者でした。民の悲しみは三十日間にも及んだのです。悲しみに暮れる民。その中でも、モーセを失って悲嘆の最たる者の一人がこのヨシュアだったでしょう。

「モーセの従者、ヌンの子ヨシュア」と記されているとおり、四十年前、エジプトの地を出てからこのかたずっと忠実にモーセに従い通してきたヨシュアです。モーセが主の栄光に覆われた神の山シナイ山に登ったときにも付き従っていたヨシュアです（出エジプト二四・一三)。荒野での日々をモーセとともに歩み、彼に信頼し、また信頼もされてきた最も身近な、それも大指導者を失ったのですから。

けれども、まさにこの大樹モーセの死によって、ヨシュアの出番となるのです。主自らがヨシュアに語りかけられます。モーセから引き継ぐ使命の確認です。

「わたしのしもべモーセは死んだ。今、あなたとこの民はみな、立ってこのヨルダン川を渡り、わたしがイスラエルの子らに与えようとしている地に行け。わたしがモーセに約束したとおり、あなたがたが足の裏で踏む場所はことごとく、すでにあなたがたに与えている。あなたがたの領土は荒野からあのレバノン、そしてあの大河ユーフラテス川まで、ヒッタイト人の全土、日の入る方の大海までとなる」(一～四節)。

「ヨルダン川を渡り」と、まず直面するのは、春のこの時期「川岸いっぱいに満ちて」流れているヨルダン川渡河の困難です。「民はみな、立って」とありますから、泳ぎのできる者だけが渡って行けばよい、というのではない。女性、子ども、高齢の者までが、いやそれに家畜までもがこれを渡るのです。いったいどのようにして可能なのか、との素朴な疑問が起こるところです。

それにもかかわらず、主の命令は、「このヨルダン川を渡り、わたしがイスラエルの子らに与えようとしている地に行け」というものです。そのまだ見ぬ地を「わたしがモーセに約束したとおり、あなたがたが足の裏で踏む場所はことごとく、すでにあなたがたに与えている」と告げるのです。六節にも、「強くあれ。雄々しくあれ。あなたはわたしが父祖たちに与えると誓った地を、この民に継がせなければならないからだ」と繰り返されますが、これがヨシュアがモーセから引き継いだ大事業でした。その地は、「わたしがモーセに約束したとおり、すでにあなたがたに与えている」というのです。あとは、そこまで行って、自分で歩き回って、足の裏で踏んで、自分のものとすればよい、と。

そうして手に入れる領土は、四節で南東は今立っている「荒野」、北の境は「レバノン」、東側は「大河ユーフラテス川」の領域に至り、西は「大海」、つまり地中海で囲まれた地と告げられるのです。けれども領土とはいっても、人の住んでいない土地ではありませんから、「ヒッタイト人の全土」とあるように、そこには先住民がいました。彼らとて、おいそれと立ち退いてはくれないでしょう。戦いは必至です。それで、五節の約束なのです。

「あなたの一生の間、だれ一人としてあなたの前に立ちはだかる者はいない。わたしはモーセとともにいたように、あなたとともにいる。わたしはあなたを見放さず、あなたを見捨てない。」

嬉しい、心強い主のおことばです。「見放さず、見捨てない」とまで言ってくださるのです。

ところで、このヨシュアに、「強くあれ。雄々しくあれ」との激励が、一度ばかりか、二度、三度と繰り返されていることにお気づきでしょうか。六節に、七節に。そして最後の九節にも見られます。こう何度も繰り返して神様が語りかけ、ことさらに励ましておられるところを見ると、そこからヨシュアという人物が浮かんできます。モーセの後継者ヨシュアがどんな人かというと、それが意外にも、ことのほか小心で、しかも頼りとしてきたモーセを失って、悲嘆に暮れている、とそんな姿が見えてきます。

今までも、そしてこの後も、武将といえば「イスラエルにこの人あり」といえるのは、このヨシュアです。そのヨシュアに「恐れるな。おののくな」と声がかかるのです。ヨシュアの見せた弱さです。「モーセが倒れた。これからはこの俺の出番だ」と言って、しゃしゃり出てゆく功名心*4に駆られるような男では決してなかったのです。いや、弱さというよりかは、人間らしさといってもよいでしょう。モーセの死を前に悲しみの中にあるヨシュアです。

「強くあれ。雄々しくあれ」と励まされて腰を上げる。ヨシュア、確かに指導者の器ですが、放っておかれたら、いつまで顔を伏せ、肩を落としたままだったでしょう。モーセがここまで、このヨルダン川河畔まで導いて来た民を約束の地に導き入れ、これを相続地として受け継がせるとの大変な仕事が待っています。だから気後れしたのでもないでしょうが、御声がかかって、やっと動き出すのです。それも励ましがなんと命令なのです。九節です。

「わたしはあなたに命じたではないか。強くあれ。雄々しくあれ。恐れてはならない。おののいてはならない」とあるとおりです。命じられて、立ち上がるヨシュアなのです。まさに、ヨシュアの手を取って立ち上がらせてくださる主です。「あなたの行くところどこででも、あなたの神、主があなたとともにいるのだから」との九節でのお約束つきでした。ここまでしてくださる主です。万軍の主が一緒なのです。「わたしが一緒にいるから、さあ、立って」と力づけ、促すのです。五節で、「あなたの一生の間、だれ一人としてあなたの前に立ちはだかる者はいない。わたしはモーセとともにいたように、あなたとともにいる。わたしはあなたを見放さず、あなたを見捨てない」とまで主は宣言されます。

「涙もそこまで！」です。

「さあ、立ち上がれ、ヨシュア」と読む側も声援を送りたくなります。

主は、そんなヨシュアに激励だけでなく、七節、八節では、「必勝の策」も授けてくださいます。

「ただ強くあれ。雄々しくあれ。わたしのしもべモーセがあなたに命じた律法のすべてを守り行うためである。これを離れて、右にも左にもそれてはならない。あなたが行くところどこででも、あなたが栄えるためである。このみおしえの書をあなたの口から離さず、昼も夜もそれを口ずさめ。そのうちに記されていることとすべてを守り行うためである。そのとき、あなたは自分がすることで繁栄し、そのとき、あなたは栄えるからである。」

ここに勝利、繁栄に至る道が示されています。「律法を守れ」と。今、やっとたどり着いたヨルダン川河畔まで戦いの明け暮れでした。これからは、さらにカナンの地での戦いが待っています。それなのに、神は、「わたしのしもべモーセがあなたに命じた律法のすべてを守り行え。これを離れて、右にも左にもそれてはならない」、「このみおしえの書をあなたの口から離さず、昼も夜もそれを口ずさめ」と命じられます。

「相手は手強い。槍・弓の練習をせよ」ではありません。「白兵戦の訓練をせよ」というのでもありません。心がけるのは、ただ一事。「座って律法を学べ」です。約束の地を前にして、「みことばを守り行え」と命じられる。戦いを前に「静まって、みおしえを聞きなさい」となるのです。

しかし、これが的はずれのように聞こえるとしたら、むしろ自分自身が的はずれの考え方をしているということでしょう。神の祝福の中にとどまるのに最も確かな方法がほかにあるというのでしょうか。お約束どおりにカナンの地に導き入れてくださるお方を前にして、律法を学び、御心に従って生きるよりももっと確かな道があるというのでしょうか。

「神のみおしえから、右にも左にも逸れない！」これでよいのです。神の民の歩みはいつの時代も同じです。全く単純です。「みおしえに従う」、「みことばに聴く」、これだけです。戦いの中にある神の民、教会の歩みも同じで、これでよいのです。全く同じ作戦で、今年も来年も十分なのです。「主のみことばから少しも離れずに」との一事にとどまることが肝要です。

何か真新しいことを考えないと、時代に遅れをとると心配する必要はありません。「みことばに立つ。」これで、教会は二千年間、歩んできたのですから。神の民が約束の恵みの中に祝福をいただいてゆく道は一つ。神の教えにとどまることでした。

神の激励を受け、歩み方まで再確認させられてのヨシュア。いよいよ、立ち上がり、民に向かっての第一声を上げます。

「ヨシュアは民のつかさたちに命じた。『宿営の中を巡って、民に命じなさい。「食糧を準備しなさい。三日のうちに、あなたがたはこのヨルダン川を渡るからだ。あなたがたの神、**主**があなたがたに与えて所有させようとしておられる地を占領するために、あなたがたは進むのだ」』」(一〇、一一節)。

指揮官としてのヨシュアの第一声です。ヨシュアの采配の下に民が動くかどうかがかかっている第一声です。身震いするばかりの緊張の中で、懸命な祈りもこれには込められていたことでしょう。そんなヨシュアが指導者として選ばれた器であることを、続く公正無私の彼のことばが物語ってくれます。

「その一方で、ルベン人、ガド人、およびマナセの半部族にヨシュアは言った。『**主**

のしもべモーセがあなたがたに命じて、「あなたがたの神、主はあなたがたに安息を与え、この地を与えようとしておられる」と言ったことばを思い出しなさい。あなたがたの妻子たちと家畜は、モーセがあなたがたに与えた、このヨルダンの川向こうにとどまりなさい。しかし、あなたがた勇士はみな、隊列を組み、あなたがたの兄弟たちより先に渡って行って、彼らを助けなければならない。主があなたがたの兄弟たちにも、あなたがたと同様に安息を与え、彼らもあなたがたの神、主が与えようとしておられる地を所有したら、あなたがたは主のしもべモーセがあなたがたに与えた、このヨルダンの川向こう、日の出る方にある自分たちの所有の地に帰り、それを所有することができる』」(一二～一五節)。

つまりは、隣人のために、兄弟たち、同胞のために生きよ、ということ、兄弟愛の精神を見せよ、ということです。ルベン、ガド、マナセの半部族は、すでに自分たちの立っているヨルダン東岸に土地を得ていました。ですから、さらに旅を続け、戦いに身をさらしての骨折りをしなくても良かったわけですし、ここで、このまま、家族とともに腰を落ち着けてしまうこともできたのです。ただし、そうしたら、彼らは、結局自分たちさえ良ければ、との生き方をイスラエルに持ち込む者となっていたでしょう。ヨシュアはそこに釘を刺したのです。しかも、「あなたがた勇士はみな、隊列を組み、あなたがたの兄弟たちより先に渡って行って、彼らを助けなければならない」と指示するところなど、気持ちの良いヨシュアです。変に気を遣いすぎて、「もう妻子もヨルダンの川向こうに落ち着き、生活を始めたのだから、あなたがたは危険に身をさらすこともない。飛び来る矢に当たらぬように隊列の一番後に着いて来なさい」ではなくて、「先頭を行け！」です。

さすがはヨシュアです。指揮官たる者が一番用心しなければならないものは一つ、それは身内の中の利己主義だそうです。どんな見事な作戦を立てても、どれほどに数の上で相手に勝っていても、この味方の中の利己主義、「俺さえ無事に帰れれば、人はどうなっても……」という心が支配したら、すべて逆転してしまいます。必死の小部隊に、そんな及び腰の大部隊が敗北を帰すことになるのです。兵士が前面で戦う古代の戦の力学ということでの話ではありますが。

ヨシュアは見事にイスラエル全軍を整えました。この二部族半を先頭に配置しての進軍形を整えたのです。これもまた、見ていて気持ちの良いヨシュアの采配ぶりです。

そんなヨシュアに対して、民もまた励ましの声を送ります。それは一致した声でした。

「彼らはヨシュアに答えた。『あなたが私たちに命じたことは、何でも行います。あなたが遣わすところには、どこでも参ります。私たちは、あらゆる点でモーセに聞き従ったように、あなたに聞き従います。どうかあなたの神、主が、モーセとともにおられたように、あなたとともにおられますように。あなたの命令に逆らい、あなたが私たちに命じることばに聞き従わない者はみな、殺されなければなりません。あなたは、ただ強く雄々しくあってください』」（一六〜一八節）。

実にありがたい民の誓いです。「何でも」、「どこでも」命じるままに、と答える民です。ヨシュア、これを聞いてどんなにか嬉しかったことでしょう。神からは「強くあれ。雄々しくあれ」と言われ、また民からも同じことばで「ただ強く雄々しくあってください」と励まされるのです。

感激！の一言だったでしょう。読んでいて、ほっとする場面です。まさに果報者たるヨシュアです。こうまで言われたら、ヨシュア自身、この民のために粉骨砕身を決意したことでしょう。それに、もちろん「神様の召命」に応えて、です。ここまでしてくださるのですから、民の心をこうまで動かしてヨシュアと一つにしてくださっているのです。偶然、民の気分が良かったからではなくて、神が民の心と思いをヨシュアに向けて整えてくださっていたと見れば、ここにもヨシュアへの神の配慮、豊かな守りを覚えさせられます。

ヨシュアを「強くあれ。雄々しくあれ」と励ますだけでなく、民の口を通しても、さらに「強く雄々しくあれ」と激励を送られる主のご配慮です。豊かな神のご配慮と言えば、そうですが、なんと世話の焼けるヨシュアなのでしょうか。そういえば、モーセの場合はもっと手がかかったのを思い出します。「ああ、わが主よ、私はことばの人ではありません」と尻込みし、「今、行け。わたしがあなたの口とともにある」と言われてもまだ、「ああ、わが主よ、どうかほかの人を遣わしてください」と辞退して、主を怒らせたモーセでした。しかし怒りながらも、主はこのモーセに兄アロンをモーセの口の代わりとして用意なさいました（出エジプト四章）。相手がファラオということで、怖じけづいたのでしょうが、それはわかるとしても、このヨシュアのほうは主に励まされつつも静かです。「私にはできません」と答えるでもない。黙って、すっと立ち上がるのですから。そう、イスラエルを導くのは「私」ではなく、「万軍の主なるイスラエルの神」とわきまえていたヨシュアなのです。彼の内に育てられていた信仰の強さは、章を追うごとに明らかになっていくのを見ます。

神の民の導き手は神ご自身でした。モーセも、ヨシュアも、そのお方のしもべにすぎませんでしたし、「しもべ」だからこそ用いられたのです。神ご自身の御業のために。

モーセが死んだからといって、神が死んだのではないのです。モーセが死ねば、ヨシュアを立てる、との神の経綸をも見ることができるでしょう。主の御業には、計画倒れなどあり得ないのです。不手際もなし、です。約束の地に必ず導き入れてくださるお方です。その確かさ、真実さは、こんな場面でも確かめられます。モーセの次はヨシュアを用意し、育て、備え、用いられる主！

しかも、民の心をしっかりと指導者ヨシュアに結びつけてくださいました。ヨシュアの下に、今もう一度、一つの民として歩ませてくださいます。ヨルダン川を渡り、約束の地に向かう民への祝福あふれる御手の業です。

教会を建て上げる主のご熱心もまた同じです。信仰の創始者であり完成者であるイエス・キリストがおられるのですから（ヘブル一二・二）、私たちの歩みは、地上のカナンではなく永遠の御国を目指すものです。ヨシュアと二人の子、モーセと同じように「夕べにはしおれて枯れ」ます（詩篇九〇・六）。けれども、私たちの主は、導き手は、よみがえりの主です。昨日も、今日も、変わることなく、御国へと確かに導いてくださる方です。安心です。だからこそ、主イエスのみことばにしっかりと踏みとどまるのです。

これこそ、唯一の御国へと導く道とわきまえて、右にも左にも逸れぬ歩みをこの一週も、いや御国へと至るその日まで全うさせてください、と祈りつつ、私たちの羊飼いなるお方に従っていきたいと思います。「強く雄々しくあれ」との励ましを日々主よりいただいて。

「小さな群れよ、恐れることはありません。あなたがたの父は、喜んであなたがたに御国を与えてくださるのです」（ルカ一二・三二）。

注

1　申命三二・五一で、荒野のメリバテ・カデシュの事件が「信頼の裏切り」と呼ばれています。民数二〇章が記す出来事です。民数二七・一四、出エジプト一七・七参照。

2　しかし、目がどうあれ、気力がどうであれ、人生がいかなるものであるかは十分に知っていたはずのモーセです。詩篇九〇篇は「モーセの祈り」と前書きがついていますが、その五節、六節でこう歌っています。

「あなたが人を押し流すと　人は眠りに落ちます。

朝には　草のように消えています。

朝　花を咲かせても　移ろい

夕べには　しおれて枯れています。」

3　しもべとのタイトルは、アブラハム（創世二六・二四）、ダビデ（I列王八・六六）に見られます。ほかにネブカドネツァル（エレミヤ二五・九）。

4　すでにモーセより公に後継者としての按手を受けており（民数二七・二二、二三）、後継者争いなどあり得ないわけですが、喪の期間もそっちのけで、目を血走らせて名乗り出ていくような人間でもなかったと言えましょう。

2　救いのしるし

〈ヨシュア二・一〜二四〉

ヨシュア記二章、モーセに継いで表舞台に立ったヨシュアに代わり、遊女の登場となります。

ラハブ。その名前は「広い」という意味ですから、さしずめ「広子」さんとなりましょうか。名字のほうは、エリコ在住ですから、地名を借りて「えりこ広子」さん。これでは、名前が二つ並んだようで具合が悪いので、彼女の住まいが城壁の中に立て込まれていますから、「間壁広子」さんとか、「中城広子」さんとかで、どうでしょう。私は気に入っていますが、「ラハブ。エリコのラハブです、私は」と言われそうです。

その遊女ラハブの登場となる二章一節。

「ヌンの子ヨシュアは、シティムから、ひそかに二人の者を偵察として遣わして言った。『さあ、あの地とエリコを見て来なさい。』彼らは行って、ラハブという名の遊女の家に入り、そこに泊まった。」

モーセの後を継いだ総大将のヨシュアは「三日のうちに、ヨルダン川を渡る」と告げ、民に準備を進めさせる一方、川向こうの偵察にと、スパイを送っていたのです。川を渡れば、エリコは目と鼻の先。ヨルダン渡河が第一戦となる状況です。それで、二人の斥候を城壁のある町エリコに潜入させたのでした。城門の閉じられる前に、夕暮れ時を狙って、人混みにまぎれて入り込んだのでしょう。そして、身を隠すには絶好の場所と見て、遊女の家を選びました。見知らぬ者が出入りしても一番怪しまれないのが遊女の家でしょう。恰好の隠れ場となるはずでした。

しかし、それでも、気づいた者がいたのです。二節、三節です。

「ある人がエリコの王に、『イスラエル人の数名の男たちが今夜、この地を探ろうとして入って来ました』と告げた。それで、エリコの王はラハブのところに人を遣わして言った。『おまえのところに来て、おまえの家に入った者たちを出せ。その者たちは、この地のすべてを探ろうとしてやって来たのだから。』」

そして、戸口に詰め寄ったのです。

手に汗握る場面とは、こういうことでしょう。二人の運命はいかに？　突き出すも、匿《かくま》うも、遊女ラハブの心一つ。こんな言い方は失礼でしょうが、もともとがラハブは遊女です。生きるために節操を捨てた者のこと、金銭に卑しいのが常でしょう。算盤をはじくのが、いつしか習いとなっているということもありましょう。となれば、見知らぬ二人の者を差し出して、得すれば、とばかりに、戸口に立つ王からの使者とやおら取り引きを。

「お礼はいくら」と両の手を差し出したかというと、いいえ！　四節、五節、そして六節を見てください。
「ところが、彼女はその二人をかくまって言った。『そうです。その人たちは私のところに来ました。でも、どこから来たのか、私は知りません。暗くなって門が閉じられるころ、その人たちは出て行きました。どこへ行ったのか、私は知りません。急いで彼らを追ってごらんなさい。追いつけるかもしれません。』彼女は二人を屋上へ上がらせ、屋上に積んであった亜麻の茎の中におおい隠していた。」

間一髪。いわゆる遊女の深情けなのでしょうか。ヨルダン川までは二、三時間の道のりですから、急げば追いつけるでしょう、と促す。「それっ。追え」と飛び出して行く。その後ろ姿を見送って、戸口をしっかりと閉めるラハブの姿。近松の御芝居にありそうな場面です。違うのは、彼女の口から、大信仰告白が聞かれたことです。

「二人がまだ寝ないうちに、彼女は屋上の彼らのところへ上がり、彼らに言った。『主がこの地をあなたがたに与えておられること、私たちがあなたがたに対する恐怖に襲われていること、そして、この地の住民がみな、あなたがたのために震えおののいていることを、私はよく知っています。あなたがたがエジプトから出て来たとき、主があなたがたのために葦の海の水を涸らされたこと、そして、あなたがたが、ヨルダンの川向こうにいたアモリ人の二人の王シホンとオグにしたこと、二人を聖絶したことを私たちは聞いたからです」(八〜一〇節)。ラハブの口から、こんな信仰のことばを聞くことになるとは、二人の斥候、思いもかけぬことだったでしょう。二人を隠しておいた葦の茎越しに、匿い料金の交渉を始めるわけでなし。最初のひと言が、「主がこの地をあなたがたに与えておられる」でした。「えっ!」と耳を疑ったことでしょう。全く驚くべきことです。一一節でこう語っています。

「私たちは、それを聞いたとき心が萎えて、あなたがたのために、だれもが気力を失ってしまいました。あなたがたの神、主は、上は天において、下は地において、神であられるからです。」

「イスラエルの神こそ、天地の主、真の神にいます」という告白です。しかも、敵陣内で、遊女の口から漏れるとは、意外や意外、というところです。自分の目で奇跡一つ見たわけではありません。ただ、その耳で聞くところによって、噂によって信じていたのです。いつのころからかは知る由もありませんが、葦の海の水が涸らされたこと、四十年も前の出来事から、つい最近の川向こうでの事件となるアモリ人とイスラエルの戦いの結果まで耳に入っている。旅人や商人など、自分のところに来る人々から聞いて、信じていたのです。

遊女には遊女としての陰影があるものでしょう。自分を特別扱いする世間への無関心とか。人々が大事にしているものに背を向けたり、ふてくされて馬鹿にしたり、という心もあるでしょう。そんな投げやりな心が、この町エリコを滅ぼそうとする人々の神を信じる思いへと繋がっていったのかもしれません。世間に愛想を尽かした、そんな虚無的な思いが、真の神への信仰に転化されていったのかもしれません。

けれども、ラハブ、今は遊女に身を落としているとはいえ、なかなかの親思い、兄弟思いです。自分だけ生きて、助かれば良いというのではありません。父母、兄弟たちのことを気にかけていますし、彼らもまたラハブをはみだし者と冷たくあしらってもいないようです。遊女に身を落としたのも、なにか特別な理由があってのことなのでしょう。家族思いのラハブです。自分ひとりの救いだけを考えていたのではありませんでした。

「今、主にかけて私に誓ってください。私はあなたがたに誠意を尽くしたのですから、あなたがたもまた、私の父の家に誠意を尽くし、私に確かなしるしを与え、私の父、母、兄弟、姉妹、また、これに属するものをすべて生かして、私たちのいのちを死から救い出す、と誓ってください」（二一二〜一三節）。

家族のための懸命な命乞いです。この親思いと現実の状態との違いに、この家族のたどってきた悲劇のにおいを感じませんか。

そんな彼女に、その人たちはこう言います。

「私たちはあなたがたに自分のいのちをかけて誓う。あなたがたが私たちのことをだれにも告げないなら、主が私たちにこの地を与えてくださるとき、あなたに誠意と真実を尽くそう」（一四節）。

こう誓いをもって応えるのです。こうして、斥候たちの脱出となります。

「そこで、ラハブは綱で窓から彼らをつり降ろした。彼女の家は城壁に立て込まれていて、彼女はその城壁の中に住んでいた」（一五節）と説明がついています。町の中に住んでいたのではなく、城壁の中でした。遊女だからでしょうか。斥候たちも、ラハブの家が城壁に組み込まれていることを知ったうえで、彼女の家を選んだのかもしれません。城壁から吊り降ろされての脱出となると、使徒パウロがカゴに入れられてダマスコの城壁から吊り降ろされて脱出したことを思い出します（使徒九・二五）。よく思いつく手口というか、いざという時の脱出に使うために綱なども、この城壁に組み込まれた家には常備されていたのでしょう。ともかくも、綱で吊り降ろされて無事地上に降り立った二人の斥候に、上からラハブは指示を与えます。

「彼女は二人に言った。『山地の方へ行ってください。追っ手たちがあなたがたに出くわすといけませんから。彼らが引き揚げるまで、三日間そこに身を隠していてください。その後で、あなたがたが行く道を行かれたらよいでしょう』」（一六節）。

そこで、二人の斥候は彼女に約束のことばを残すのです。

「見なさい、私たちはこの地に入って来ます。私たちをつり降ろした窓に、この赤いひもを結び付けておきなさい。あなたの父、母、兄弟、そして、あなたの一族全員をあなたの家に集めておきなさい。あなたの家の戸口から外に出る者がいれば、その人の血はその人自身の頭上に降りかかり、私たちに罪はありません。しかし、あなたと一緒に家の中にいる者のだれにでも手が下されたなら、その人の血は私たちの頭上に降りかかります。だが、もしあなたが私たちの、このことをだれかに告げるなら、あなたが私たちに誓わせた、あなたへの誓いから私たちは解かれます」（一八～二〇節）。

ラハブは「おことばどおりにしましょう」と言い、二人を送り出します。そして斥候たちは去り、彼女は窓に赤いひもを結びます（二一節）。

だれもいなくなった場面に、ただ一つ残る赤いひも——印象的です。それも、救いの目印です。滅びを免れる救いのしるしとなれば、出エジプトの際に個々の家の門柱に塗られた血を目印としての「過越」も、救いのしるしは「赤」でした。エジプト中の初子、長子を打つために遣わされた神の御使いは、この血塗られた柱を目印として、その家には滅びをもたらさずに避けて通ったのでした。

「赤いひも」を救いのしるしと決めて、二人の斥候は、無事にヨシュアの下に戻ることになります。ラハブの忠告どおりに山中で三日待ち、それから帰途につき、山を下り、川を渡り、ヌンの子ヨシュアのところに来て、自分たちの身に起こったことをことごとく話します。

「主はあの地をことごとく私たちの手にお与えになりました。確かに、あの地の住民はみな、私たちのゆえに震えおののいています」(二四節)。

「時の声一つで、剣を投げ捨てて逃げ出すでしょう」との報告です。首尾よく使命を果たし終えての立派な報告ですが、それも、このラハブという一人の女性あってのことでした。

いや、この斥候たちの確信ありげな最後の一言も、もとはラハブの口に上ったことばではありませんか。「主がこの地をあなたがたに与えておられることを、私はよく知っています」とは、ラハブの開口一番の告白でした。まるで、それを彼女から教えられてきたかに見えるこの二人の斥候です。どこまでも、ラハブあってのこの報告ですし、成功でした。ところで、そのラハブです。王からの使いを欺き追い返したとなると、反逆罪です。打ち首ものでしょう。敵側の斥候を匿って逃がしたとあっては、事が発覚すれば死罪でしょう。国王の「スパイを出せ」との命令にいのちを張って逆らったラハブです。なぜこんな危険を冒してまで、二人の斥候を匿ったのでしょう。このままでは自分たちが滅びてしまうと恐れたのでしょうか。それもあるでしょう。家族全員の救いを願っていましたから。

でも、ラハブが本当に恐れていたのは何だったのでしょう。死ですか。滅びですか。それならば、こんな危ない橋は渡らずともよかったでしょう。自分のいのちを賭けてまで選び取ろうとしていたのは何なのでしょうか。確かに、他の人々もシティムに陣を敷いたヨシュア軍に震えおののいていました。でも、その心はますます堅く閉ざされていたのです。

そんななかで、ラハブが恐れたのは、ヨシュア軍の中に共におられるお方、神、天地の造り主だったのではありませんか。

ラハブだけがイスラエルの民とともにおられる神の栄光を、その力を知って恐れ、自分を明け渡していたのです。真に恐るべきは、エリコの王ではなく、このお方であると知っていたラハブ。これが彼女の信仰です。そうです。エリコの王をたとい敵に回してでも、決して敵としてはならないのが、イスラエルの神、天地の造り主なる神でした。そんなラハブですから、新約聖書の信仰偉人伝となるヘブル人への手紙一一章に彼女の名前が見られるのもうなずけます。

「信仰によって、遊女ラハブは、偵察に来た人たちを穏やかに受け入れたので、不従順な者たちと一緒に滅びずにすみました」(三一節)。

ヤコブもまた、ラハブの行いのある信仰をほめています。ヤコブの手紙二章二五節です。

「同じように遊女ラハブも、使者たちを招き入れ、別の道から送り出したので、その行いによって義と認められたではありませんか。」

ここを見ますと、ヤコブもヘブル人への手紙の著者も、ラハブの行動力の源が「信仰」であると声を揃えて証言していることがわかります。

「真の生ける神、上は天において、下は地において、神であられる方」への信仰が彼女を動かしていたのです。自分のいのちまで賭けて斥候を匿う行動に出るほどに本物の信仰がこの遊女ラハブに与えられていたのです。

「遊女に信仰」、この組み合わせは変ですか。この遊女ラハブ、その信仰が称賛されているだけでなくて、マタイの福音書の冒頭にあるイエス・キリストの系図にまで、その名前が記されています。「サルマがラハブによってボアズを生み、ボアズがルツによってオベデを生み、オベデがエッサイを生み、エッサイがダビデ王を生んだ。……」と続いて、キリストにまで至ります。遊女に信仰が与えられていた、と言うどころか、このラハブがキリストの系図の中にいるのです。遊女といったら、生きるために身を売り物にした、と世間の目は冷たく、白く、当人にはつらいものでしょう。罪人、汚れきっている、しかし、です。聖く正しく生きる者に信仰というより、遊女に信仰。このほうがむしろキリスト教なのです。イエス様は、マタイの福音書二一章三一節、三二節で言っておられます。

「まことに、あなたがたに言います。取税人たちや遊女たちが、あなたがたより先に神の国に入ります。なぜなら、ヨハネがあなたがたのところに来て義の道を示したのに、あなたがたは信じず、取税人たちや遊女たちは信じたからです。」

祭司長や民の長老たちが、こう言われ、比べられているのです。遊女に遅れを取る、と。信仰がラハブに与えられていました。救いのしるしが、約束が、ラハブに恵みとして与えられていた、といって不思議がることはありません。むしろ、このために、神のひとり子が肉をまとって人となられたのです。取税人や罪人、遊女たちをこそ、神の国に招くために。ラハブに信仰。これでキリスト教らしいのです。これがキリスト教の教えでした。罪人こそ、御前に招かれているのですから。

罪人たることを恥じて、キリストの御前に来ない、ではなく、招かれているのです。正しく生きてみてから、信じて御前に出る、ではなく、今こんなだから、救い主が欲しいのです。罪人だと気づいたら、自覚したら、むしろ、そのときこそキリストのみもとに駆け込め、なのです。

さらに言うなら、救いをいただいた私たちは、なお罪の中にいる罪人です。日ごとに、御心に逆らい、罪を犯します。神を愛することにおいても、隣人を愛することにおいても、それはできています、と胸を張って御前に出ることなどできません。罪人だから、救い主がおられて、嬉しいのです。そして、もう一つ。罪人の自分が主に受け入れられているのですから、兄弟姉妹を受け入れて愛することを決して忘れないようにしましょう。自分の罪を忘れて、人をさばく高ぶりの罪に陥ることがありませんように。

3　約束と信頼

〈ヨシュア三・一～一七〉

ヨルダン川、これを渡れば約束の地です。季節は春です。ちょうど春の雨が上がり、借り入れの季節を迎えるころ、ヨルダン川は春の雨と、遠くヘルモン山の雪解け水を加えて、一年の中で一番豊かに水をたたえている時でした。

この川を渡れば、約束の地です。しかし、いかにして渡るのか。

ヨシュア記三章は、ヨルダン川東岸に陣取っていた全イスラエルが行動を開始する壮大な場面となります。それも、モーセの後継者となったヨシュアの指揮の下での最初の行動となります。滔々《とうとう》と流れるヨルダン川を前にして、ヨシュアは、三日間の備えの後に、新たな陣形を整えるようにと命じます。

「ヨシュアは翌朝早く起き、すべてのイスラエルの子らとともにシティムを旅立ち、ヨルダン川のところまで来て、それを渡る前にそこに泊まった。三日後、つかさたちは宿営の中を巡り、民に命じた。『あなたがたの神、主の契約の箱を見、さらにレビ人の祭司たちがそれを担いでいるのを見たら、自分のいる場所を出発して、その後を進みなさい。あなたがたが行くべき道を知るためである。あなたがたは今まで、この道を通ったことがないからだ。ただし、あなたがたと箱の間に二千キュビトほどの距離をおけ。箱に近づいてはならない』」（一～四節）。

先頭は主の契約の箱です。人々は、二千キュビト後方を行くことになります。約九百メートル離れてついて行くのです。これだけの距離を置けば[*1]、イスラエル全体からよく確認できるということでしょう。

このとき、軍務に着くことのできる成人男子として登録された者は六十万一千七百三十人と民数記二六章五一節にあります。これに、ヨルダン川東岸に残る二部族半の女性と子どもを除いての、九部族半の女性と子どもの数を加えた総数はその二倍以上でしょう。これほどの大群が、契約の箱を目印にして前進しようとしていたのです。それも、「今まで通ったことのない」道を行くことになるのです。

こうして出発の準備が完了するのを見届けて、ヨシュアは「明日、出立」と民に告げます。

「ヨシュアは民に言った。『あなたがたは自らを聖別しなさい。明日、**主**があなたがたのただ中で不思議を行われるから。』ヨシュアは祭司たちに『契約の箱を担ぎ、民の先頭に立って渡りなさい』と命じた。そこで彼らは契約の箱を担ぎ、民の先頭に立って進んだ」（五～六節）。

何のためらいもなく、先頭の祭司に前進を命じるヨシュアですが、目の前には川です。一五節にあるように、どこの川岸にもいっぱい水をたたえているヨルダン川です。これがもし数か月遅れて、夏場ともなれば、水量も減り、浅瀬を渡るという手もありそうですが、一年中でこの時ばかりはそんなことはできません。そのヨルダン川に向けて前進を命じるのです。渡らなければ約束の地は踏めません。しかも、神の約束はいただいています。しかるに、眼前のヨルダン川です。「大丈夫だろうか」との不安、疑いは心に起こらなかったのでしょうか。

泳ぎの達者な者ならいざ知らず、女性や子どもに老人、それと家畜と大切な財産があります。ちなみに、老人といっても、男性の場合は、エジプトを出たときに二十歳未満だった人々に限られますから、六十歳以上はいないことになります。もちろん、このヨシュアと、後で登場するカレブは別枠扱いで、約束の地を踏めますが、エジプト脱出当時二十歳以上だった他の者たちは荒野での四十年の間に死に絶えていました。ともかくも、これほどの大群が川に迫るのです。どうやって渡るのか。記されてはいませんが、民の中には、心配の声が聞かれたことでしょう。

そんな心配も、まだ民の一人としてなら軽いものでしょうが、この大群の指導者であるヨシュアの胸の内はどうだったでしょうか。まだ何も知らされてはいません。神ご自身からの指示も説明もありません。ただわかっているのは、このヨルダン川を前にして、向こう岸に、約束の地に入るには、何かが起こらなければ不可能であるということです。だれもが、そこまでは考えますが、ヨシュアは、それを「神がしてくださる」と確信して、「あなたがたは自らを聖別しなさい。明日、**主**があなたがたのただ中で不思議を行われるから」と民に告げました。

神を信頼するそんなヨシュアの思いに応えるかのように、主は、七節、八節であらためてこう指示を与えられます。

「**主**はヨシュアに告げられた。『今日から全イスラエルの目の前で、わたしはあなたを大いなる者とする。[*2] わたしがモーセとともにいたように、あなたとともにいることを彼らが知るためである。あなたは契約の箱を担ぐ祭司たちに「ヨルダン川の水際に来たら、ヨルダン川の中に立ち続けよ」と命じよ。』」

待ちに待った神よりのご指示ですが、ここまでです。ヨシュアに主がお語りになったのは、ただ「どうするか」であり、その後何が起こるかは教えてくださらないのです。「ヨルダン川の中に立て」との指示のみです。これだけでは、何が起こるかは謎のままです。「主よ、その後、あなたは何をしてくださるのですか」と問い返したくなる場面でしょう。けれども、さすがヨシュアです。神からのこのひと言の指示を信仰をもって理解し、民にはこう告げるのです。

「ヨシュアはイスラエルの子らに言った。『ここに来て、あなたがたの神、**主**のことばを聞きなさい。』

ヨシュアは言った。『生ける神があなたがたの中にいて、自分たちの前からカナン人、ヒッタイト人、ヒビ人、ペリジ人、ギルガシ人、アモリ人、エブス人を必ず追い払われることを、あなたがたは次のことで知るようになる。見よ。全地の主の契約の箱が、あなたがたの先頭に立ってヨルダン川を渡ろうとしている。今、部族ごとに一人ずつ、イスラエルの部族から十二人を取りなさい。全地の主である主の箱を担ぐ祭司たちの足の裏が、ヨルダン川の水の中にとどまるとき、ヨルダン川の水は、川上から流れ下る水がせき止められ、一つの堰となって立ち止まる』(九～一三節)。

何が起こるのか。答えは「水は堰となって立ち止まる」。これが信仰をもって受けとめたヨシュアの答えです。「しかし、はたしてそんな不思議なことが起こるのだろうか」といぶかしがる者たちもいたことでしょう。それでもヨシュアは、川どころか、海が二つに分かれたことを知っていました。紅海の底を、二本の足で、左右にそそり立つ水を見ながら渡って来たのです。四十年前の体験です。あの時はまだ、若かったヨシュアです。目の前の紅海が二つに分かれるのを見て、「えっ、こんなことが!」と驚きあきれていたことでしょうが、確かに神のなさる不思議な御業を体験していました。再び、同じ主のみわざを期待し、「水は堰となって立ち止まる」と予告するのです。それも、「生ける神があなたがたの中にいて」と語るように、荒野の四十年間、日ごとにマナを降らせ、全イスラエルを養い、導いてくださった「ともにおられる神」への信仰から出た確信なのです。

豪傑カレブと並んで、武将の誉れ高きヨシュアですが、むしろ信仰の勇者ヨシュアの姿をここに見る思いがします。

それに、ヨシュアという人物、自分のことなど何も言いません。これもなかなかのことでしょう。七節で主は「あなたを大いなる者とする」と言っておられるでしょう。それも、「全イスラエルの目の前で」と。それなのに、その主のお約束など聞いてもいなかったように、民に伝えたのは、「約束の地は必ず与えられる。そこに住んでいる人々は必ず追い払われ、約束の地はイスラエルのものとなる。その証拠こそがヨルダン渡河。水は堰き止められ、全イスラエルは川を渡る」ということでした。しかも、「全地の主が」、「全地の主が」と、われらの神こそ、全地、この地上の民すべての主にいます、と語るのです。

エジプトの王ファラオばかりか、目の前の約束の地の諸国の王たちすべての支配者にいます「主なる神」という告白です。神なるお方を知っているヨシュア。確かに、その力も、権能も知っているヨシュア。知って信頼しているのです。「自分が大いなる者とされる」などということは、今のヨシュアにとって二の次でした。ただ、民を励まし、勇気づけ、神の約束と神に対する信頼へとその心と思いを動かそうと願って行動しているのみです。無私無欲です。ヨシュアをますます好きになるのも、こんな姿を見るからです。

さて、「水は堰となって立ち止まる」。そのヨシュアのことばどおり、目を疑うような奇跡を人々は体験することになります。一四節から一七節までをお読みします。

「民がヨルダン川を渡ろうとして彼らの天幕から出発したとき、契約の箱を担ぐ祭司たちは民の先頭にいた。箱を担ぐ者たちがヨルダン川まで来たとき、ヨルダン川は刈り入れの期間中で、どこの川岸にも水があふれていた。ところが、箱を担ぐ祭司たちの足が水際の水に浸ると、川上から流れ下る水が立ち止まった。一つの堰が、はるかかなた、ツァレタンのそばにある町アダムで立ち上がり、アラバの海、すなわち塩の海へ流れ下る水は完全にせき止められて、民はエリコに面したところを渡った。主の契約の箱を担ぐ祭司たちは、ヨルダン川の真ん中の乾いたところにしっかりと立ち止まった。イスラエル全体は乾いたところを渡り、ついに民全員がヨルダン川を渡り終えた。」

女性、子ども、老人も、そして羊、山羊、牛に、もしかすると鶏までが、その足で歩いて渡ったのです。今日、これを読むだけでも信じがたいのに、川が堰となって立ち止まるのを見た人々は、どんなにか恐怖を覚えたことでしょう。

祭司の足の裏が水際に立つや、見る間に水は干上がっていき、はるか二十九キロ北方のアダム、今日のダミエのところで堰となって立ち止まったのです。エリコから塩の海まではあと十キロですから、ヨルダン川は四十キロにもわたって川底を現したことになります。三日の準備期間に、全イスラエルは、川岸に沿って、契約の箱が見えるように長く広がっていたでしょう。目の前の川が川底を見せるや、それぞれ一気に渡ったのでしょう。ヨルダン渡河、それも一番の満水期、春先にこれを渡ったのです。

エリコの人々から見たら、つい数時間前には川向こうにいたはずのイスラエルの大群が、今はこちら側に立っている。彼らは考えもしなかったでしょう。「まさか」の出来事に違いありません。この出来事に、さぞかし驚き慌てたことでしょう。

奇跡ではありませんが、これと似た出来事がヨルダン川では、しばしば起こっていたようです。一二六七年には、テル・ダミエの近くで、崖崩れがあり、十六時間にわたって川が堰き止められたという記録があります。また、一九〇六年と一九二七年にも同じようなことが起こっています。一九二七年の時には、二十一時間にもわたって水が干上がったと報告されています。もしかすると、ヨシュアの時も、地震か地崩れのために堰き止められたのかもしれません。それでも、これを全くの奇跡と考えてもよいはずです。これをなさったのは、天と地の造り主なるお方ですから。詩篇一一四篇三節から五節は、この事件をうたったものです。

「海は見て逃げ去り
ヨルダン川は引き返した。
山々は雄羊のように
丘は子羊のように跳ね回った。
どうしたことか。海よ　おまえは逃げ去るとは。
ヨルダン川よ　おまえが引き返すとは。」

長い間、神のみわざを見ずにいた山々が、奇跡を見て、小躍りでもするかのように描かれています。四十年前に、海が二つに裂けて、イスラエルの脱出を助けたように、「ヨルダン川は引き返した」というのです。祭司の足の裏が水際に浸ったとき、川はその地点から堰となって逆流し始め、はるか北方のアダムのあたりまで川底を現したことになります。こんなことは不可能ですか。いいえ、私たちの知っている、この世界をことばをもって造ったお方ならば、おできになります。

全イスラエルの前に、雪解け水をたたえて、豊かに流れていたヨルダン川が一瞬にして、恐ろしいばかりの勢いで逆流し始める。底を見せた川を歩いて渡るイスラエルの民。実感したことでしょう。約束の地を、神は必ず与えてくださる、と。そのための「しるし」でした。約束の真実さを示す「神の証し」でした。

それも、季節は春です。川岸までいっぱいに、豊かに流れるこの季節に、ご自分の民を、ここに導いて来られたのは主なる神です。夏ならば、ずっとたやすく渡れたでしょうが、水かさの一番多いこの時期に、川を渡るのが一番難しいこの時期に、このタイミングで、ここに神ご自身が彼らを導かれたのです。決してたまたまこうなってしまったのではありません。荒野での四十年間の旅程は、昼は雲の柱、夜は火の柱の中におられた主がお定めになったのでした。民数記九章が旅の様子を記していますので、開いてみましょう。一五〜二三節です。

「幕屋が設営された日、雲が、あかしの天幕である幕屋をおおった。それは、夕方には幕屋の上にあって朝まで火のようであった。いつもこのようであって、昼は雲がそれをおおい、夜は火のように見えた。いつでも雲が天幕から上るときには、その後でイスラエルの子らは旅立った。また、雲がとどまるその場所で、イスラエルの子らは宿営した。**主**の命によりイスラエルの子らは旅立ち、**主**の命により宿営した。雲が幕屋の上にとどまっている間、彼らは宿営した。雲が長い間、幕屋の上にとどまるときには、イスラエルの子らは**主**への務めを守って、旅立たなかった。また、雲がわずかの間しか幕屋の上にとどまらないことがあっても、彼らは**主**の命により宿営し、**主**の命により旅立った。雲が夕方から朝までとどまるようなときがあっても、朝になって雲が上れば、彼らは旅立った。昼でも夜でも、雲が上れば旅立った。二日でも、一月でも、あるいは一年でも、雲が幕屋の上にとどまって、去らなければ、イスラエルの子らは宿営を続けて旅立たなかった。しかし、雲が上ったときは旅立った。彼らは**主**の命により宿営し、**主**の命により旅立った。彼らはモーセを通して示された**主**の命により、**主**への務めを守った。」

このとおりに旅を続けて、ヨルダン川に着いたのが、春の季節でしたから、ヨルダン渡河をこの時期に実行すると神が計画しておられたと知るのです。神は、ヨルダン川という自然界の障害物が最も大きくなるときに、イスラエルの民をこれに直面させなさったのです。そして、命じられたのです。「契約の箱を先頭にし、これを渡れ」と。

ヨシュアは信仰をもって、この指示に従いました。神が水を堰き止めて見せる前に、それがおできになると信じました。約束を実現する神ご自身の「力」、「能力」を信じたのです。そのヨシュアとともに、出エジプトの際の神の力による奇跡を体験していないイスラエルの新しい世代が、このヨルダン渡河を通して、神への信頼を学び取ったでしょう。不可能と見えたヨルダン川渡河でした。それが、驚くべき仕方で、できたのです。彼らはみな歩いて渡ったのですから。「約束の地を与える」と誓われた神よりの「我を信頼せよ」とのメッセージを、この出来事から聞き取ることができるでしょう。


春のヨルダン渡河。こんなことをさせる神です。ご自身の愛する民を信仰において訓練するためです。そうと知ったら、人生、そこかしこに遭遇する障害物、苦難や難問の類いも受け取り方が変わるのではありませんか。人生に行き詰まり、絶望の縁に佇《たたず》み、打つ手なし、となったときに、「主を信じて歩んできたのに、これじゃ、何のために？」となるのではなく、「今、神に対する私の信頼」が試されている、と父なる神を見上げられませんか。

しかも、象徴的なのは、神の契約の箱が先頭であり、これを担ぐ祭司の足が水にひたったとき、神は力ある御腕を伸ばし、不思議を行われたことです。祭司たちが川の中にとどまっている間に、民は渡りました。契約の箱つまり神の約束が、そこにとどまり、約束の地への道を安全に開き、民を渡らせていたのです。この出来事は、信頼とは「前進」であるともわきまえさせるものです。「信頼して進むとき」、「祭司の足が水にひたる」ときに、主はみわざを行われました。信頼して、主に期待して歩み出さねば、何も起こらなかったのです。もっとも、この期待にはみことばの約束との裏づけがあったのですから、自分勝手な期待とは区別しておくことが必要でしょう。

人生の障害物というなら、約束の御国の手前に横たわっている死というヨルダン川があります。川波に呑み込まれて滅びへと至ることなく、無事に向こう岸に渡る道はただ一つ、それこそ、「あなたがたは今まで、この道を通ったことがないからだ」といわれる道です。一度しか通らぬ道。だからこそ、約束、「契約の箱」が先頭に欲しいのです。たどり行くべき道を示し、約束の御国に渡り行くために。私たちには、死の縄目を解き、永遠のいのちの君であるキリストがおられる。自ら死に勝利し、命の道しるべとなったお方がおられる。

神の子どもらしく、御国への道を、キリストの約束から離れずに、キリストから目を離さずに、苦難の中も、死出の山も歩み行く者であれ。

注

1　聖性ゆえとの解釈がありますが、通常の形態では距離を置くことは命じられていないので、適当ではありません。

2　このことは、渡河のあとに実現します（四・一四）。

4　御力の記念碑

〈ヨシュア四・一〜二四〉

イスラエルの民がヨルダン川を渡って、約束の地に入ったのは、第一の月の十日であったと、一九節にあります。

「さて、民は第一の月の十日にヨルダン川から上がって、エリコの東の境にあるギルガルに宿営した。」

第一の月といっても、私たちの暦の一月ではありません。ユダヤの暦では別名アビブの月と呼ばれています・「穂の月」という意味です。麦に穂がつく収穫の季節のことですから、私たちのカレンダーでしたら、三月、四月にあたります。春たけなわといった季節です。何もなくても、自然界の蠢《うごめ》きに希望を駆り立てられる季節ですから、これが、ヨルダン渡河と重なってくると、いかにも人々には希望の春を迎えたという感じだったでしょう。約束の地、カナンに踏み入り、荒野の旅も終わり、まさにイスラエルの民としての再出発を祝福するかのような特別の春と、この季節は彼らの目に映っていたことでしょう。

目と鼻の先にあるエリコが「棕櫚《しゅろ》の町」と呼ばれるように、この一帯はヨルダン川のもたらす肥沃な、緑生い茂る地です。荒野を四十年にもわたって旅をしてきたイスラエルにとっては、目に映る緑の地に囲まれ、約束の地に入った感激もひとしおだったことでしょう。

それもアビブの月といえば、ちょうど四十年前の同じ月の十日には、人々はエジプト脱出の準備に走り回っていました（出エジプト一二・三）。その当時大人になっていて、二つに割れた紅海を渡って来たイスラエルの中で、たった二人、ヨシュアとカレブだけが生き残って約束の地を踏みました。あとは、当時子どもだった者たちと、旅の途中で生まれた者たちが、今、約束の地に、こうして立っています。

その世代替わりをして、新しくなった民がヨルダン川を渡って約束の地にいるのですから、これとて他に類のないほどの歴史的瞬間です。ユリウス・カエサルにとっては、ルビコン渡河が一世一代の事業でした。ヨシュアにとっても、イスラエルの指導者としての「ここ一番」の出来事となったのが、このヨルダン渡河でありましょう。記念すべき出来事です。一節に、「民全員がヨルダン川を渡り終えると、主はヨシュアに告げられた」とあり、その内容が二節、三節です。

「民の中から部族ごとに一人ずつ十二人を取り、その者たちに命じよ。『ヨルダン川の真ん中、祭司たちが足をしっかりととどめたその場所から十二の石を取り、それらを携えて渡り、あなたがたが今夜泊まる宿営地に据えよ。』」

そこで四節です。

「ヨシュアは、イスラエルの子らの中から部族ごとに一人ずつ、あらかじめ任命しておいた十二人を呼び出した。」

そして五〜七節で、民に告げます。

「ヨシュアは彼らに言った。『あなたがたの神、主の箱の前、ヨルダン川の真ん中へ渡って行き、イスラエルの子らの部族の数に合わせて各自が石を一つ、その肩に担ぎなさい。それがあなたがたの中で、しるしとなるようにするためだ。後になって、あなたがたの子どもたちが「この石はどういうものなのですか」と尋ねたとき、あなたがたは彼らにこう言いなさい。「ヨルダン川の水が主の契約の箱の前でせき止められたのだ。箱がヨルダン川を渡るとき、ヨルダン川の水はせき止められた。この石はイスラエルの子らにとって永久に記念となるのだ。」』」

それで、八節です。

「イスラエルの子らはヨシュアが命じたとおりにした。主がヨシュアに告げられたとおり、イスラエルの部族の数に合わせて、ヨルダン川の真ん中から十二の石を取り、宿営地に携えて行って、そこに据えた。」

十二の石を、ただ積み上げただけの記念碑です。あらためて主が命じなくても、これほどの不思議を体験したイスラエルの民は記念となるものを自発的に残そうとしただろうと思います。まさか何もせずではすまないでしょう。それでも、これを主自ら命じておられます。民任せにしないのです。記念すべきことといって、これほどのことはそうあるものでもないでしょう。

ヨルダン川が逆流して、川底を現し、そこを渡ったことだけでも一大記念とすべきことです。加えて、これは、先祖アブラハムに主が与えると約束されたカナン全土が彼らのものとなる第一歩です。四百年を経て、約束が成就しようとしているのです。一大記念となるのは当たりまえ。だれも、こんな重大な歴史的な出来事を、記念碑など造らずとも忘れないだろうと思いますが、それでも、主が乗り出して来て、記念碑の建て方まで指示されるのです。

ということは、現実に私たちは、自分が思っているよりもずっと健忘症気味なのでしょう。大感激を味わったことも、記憶の中で、歳月とともに次第に薄らいでいきます。良いことも悪いことも、次第に忘れ去っていきます。だからこそ、記念碑や記念館が必要となるのでしょう。

忘れたくて忘れるのではなく、期せずして、恩知らずの民となってしまうのです。十二個の石を積み上げて、これをときどきでも見ていないと、忘れていく。今は忘れるもんかと思えても、いつしか忘れてしまう。私たちにとってとても大切な十字架のことでさえ、忘れて日を過ごしてしまいがちな自分に気づいて、がっかりもします。

ヨルダン川を渡ってのカナン入りも重要な出来事です。けれども、私たちがキリストの十字架による贖いを信じて、永遠のいのちを得て、神の御国を受け継ぐ者にしていただいていることは、もっと忘れるはずのない事柄ですが、どうでしょうか。自分のために立てられたキリストの十字架のことなど、つい一瞬も思うことなく、一日をあっけらかんと過ごしてしまう。十二の石ならぬ、「十字架のしるし」が必要でしょう。目に見えるところに、手で触れることができるところに。

やはり、私たちは忘れやすいのです。こんな肝腎なことでも。「十二の石を立てよ」と命じた方は、今日また聖餐式を定め、世の終わりまで、キリストの再び来られる時まで、これを守れと教えておられます。パンを噛《か》んで、杯を味わわせてまで、思い起こさせる。私たちを恩知らずにさせまいとする、主のご配慮です。

ところで、九節の「これらの十二の石はヨルダン川の真ん中で、契約の箱を担いだ祭司たちが足をとどめた場所にあったもので、ヨシュアがそれらを積み上げたのである。それらは今日までそこにある」は、ヨシュアが十二の石をどこから取って来たかを繰り返し語っているもので、神の契約の箱を担ぐ祭司たちの足の下の石、と確かめさせるためと理解してよいでしょう。

さて、一〇節からはヨルダン渡河の最後の場面です。一四節までを見てみましょう。

「箱を担ぐ祭司たちは、民に告げるようにと**主**がヨシュアに命じられたことがすべて終わるまで、ヨルダン川の真ん中に立ち続けていた。すべてモーセがヨシュアに命じたとおりである。その間に民は急いで渡った。民全員が渡り終えた後、民が見ている前で**主**の箱と祭司たちが渡った。ルベン人とガド人と、マナセの半部族は、モーセが彼らに告げたとおり、隊列を組んでイスラエルの子らの先頭を進んで行った。このようにして、武装した約四万の軍勢は**主**の前を、戦いのためにエリコの草原へと進んで行った。その日、**主**は全イスラエルの目の前で、ヨシュアを大いなる者とされた。それで彼らは、モーセを恐れたように、ヨシュアをその一生の間、恐れた。」

先に、一章で見たように、ルベン人、ガド人、マナセの半部族が同胞のために先頭に立ち、さらにその先に契約の箱を担ぐ祭司たちが進むという陣組みです。武器を持たない祭司が先頭です。その後に、二部族半から成る四万人の武装した一群が続きます。私たちが普通考えたら、この逆になるでしょう。いくら神の箱が先頭に必要だといっても、無防備で先頭に置かず、むしろ、四万人の武装グループが、神の箱を幾重にも囲み、これを守る形で陣組みを作りそうです。

ところが、その逆なのです。どこまでも、イスラエルを約束の地に導くのは、武力ではなく、神の約束、約束してくださった神ご自身なのです。この陣組みがそれを如実に現しています。ヨルダン川を渡ったのも、神の箱を先頭にしてでした。渡り終わるのを見届けて、箱が再び先頭に立つ。主のことばこそが、初めであり終わりなのです。

こうした神のお姿をイザヤ書五二章一二節が伝えています。

「あなたがたは慌てて出なくてもよい。

逃げるように去らなくてもよい。

主があなたがたの前を進み、
イスラエルの神がしんがりとなられるからだ。」

文字どおり、イスラエルの民のしんがりともなられた神です。

「**主**はヨシュアに告げられた。『ヨルダン川から上がって来るよう、あかしの箱を担ぐ祭司たちに命じよ。』　それでヨシュアは祭司たちに『ヨルダン川から上がって来なさい』と命じた。**主**の契約の箱を担ぐ祭司たちがヨルダン川の真ん中から上がって来て、祭司たちの足の裏が水際の乾いた陸地に上がったとき、ヨルダン川の水は元の場所に戻り、以前のように、川岸いっぱいに満ちて流れた」（一五～一八節）。

神の契約の箱が乾いた地に上がるやいなや、川の水が川岸まで戻る。これを見たのです。どんなにか震えたことでしょう。確かに、神が共におられる。この事実を、その確かさを、恐れとおののきをもって味わったことでしょう。

神の箱が真ん中にある間に、人々はヒヤヒヤしながら急いで渡ったことでしょう。向こう岸に全員渡り終えて、まだ大丈夫。川は底をあらわに見せている。それが、神の箱の動きで、瞬く間に水が元に戻る。本当に神が生きて働いておられる。このことに驚愕したことでしょう。

こうして、一九節、「民は第一の月の十日にヨルダン川から上がって、エリコの東の境にあるギルガルに宿営した」と、イスラエル全群は、ヨルダン川西岸に、エリコからはわずかに三キロメートルのギルガルに宿営しました。わずかに三キロです。棕櫚の林の向こうにエリコの城壁が見えたでしょうか。とにかく、今、約束の地に立っています。今晩は、ここで宿営となる。夢にまで見たであろう約束の地に立っているのです。神が共におられる。神の御手の導きの確かさを、これほどに実感したことはなかったでしょう。

渡り終えた宿営場所ギルガルに、ヨシュアは記念碑を立てます。

「ヨシュアは、ヨルダン川から取ったあの十二の石をギルガルに積み上げ、イスラエルの子らに言った。『後になって、あなたがたの子どもたちがその父たちに「この石はどういうものなのですか」と尋ねたときには、あなたがたは子どもたちに「イスラエルは乾いた地面の上を歩いて、このヨルダン川を渡ったのだ」と知らせなさい。あなたがたの神、**主**が、あなたがたが渡り終えるまで、あなたがたのためにヨルダン川の水を涸らしてくださったからだ。このことは、あなたがたの神、**主**が葦の海になさったこと、すなわち、私たちが渡り終えるまで、私たちのためにその海を涸らしてくださったのと同じである。それは、地のあらゆる民が**主**の手が強いことを知るためであり、あなたがたがいつも、自分たちの神、**主**を恐れるためである』」(二〇～二四節)。

自ら体験したエジプト脱出の際の葦の海(紅海)の出来事を加えて、記念碑を建てる目的を再確認させます。記念碑は記念碑でも、これは民がヨルダン川を渡った大成功の記念碑ではなく、渡らせてくださった神の力を覚えておくための、覚え続けさせるための記念碑でした。神の御力の記念に何がふさわしいでしょうか。ヨルダン川に箱を担いで立つ黄金製の祭司の像でしょうか。いいえ、神が直接指示されたのは、川底に転がっていた石ころ十二個です。それを積み重ねただけです。

石で作った記念碑なら、オベリスクを思い出す方もおられるでしょう。先端がピラミッド状の四角錐になっていて、四つの面をもち、上に行くにしたがって細くなる石でできている柱です。ちょうど、ヨシュアたちがエジプトを出て、荒野を旅し、ヨルダン川を渡ったころにエジプトの地にそびえ立っていたオベリスクに「クレオパトラの針」と呼ばれるものがあります。トトメス三世の命令で紀元前一四五〇年に立てられたそうです。立てた場所はヘリオポリスといって、ゴシェンの首都です。ゴシェンといえば、イスラエルの民が定住した地です。それから二百年後にラメセス二世が、これにヒエログリフで戦勝記念の碑文を彫らせたそうです。それから千二百年後[1]の紀元前一二年にクレオパトラがこれをアレクサンドリアの神殿に移し、さらに千九百年後にニューヨークのセントラルパークにエジプトのアレクサンドリアから移設されたとのことです。高さが二十一メートルですから、七階建てのビルほどの高さで、二百二十四トンの重さです。もともと一対であって、もう一本はロンドンにあるそうです。アメリカの「クレオパトラの針」はエジプトでは約三千年のあいだ乾燥した砂漠に立っていて、ほとんど風化しなかったのに、ニューヨークの気候に一世紀ほどさらされて、大気汚染や酸性雨の影響で表面がぼろぼろになってしまったようです。

ゴシェンの地に住んでいたイスラエルの民は、この「クレオパトラの針」と呼ばれるオベリスクを知っていたと思います。そんなイスラエルの民に神が命じられた記念碑が十二個の石を積み重ねただけのものなのです。それも、一人の人が抱えあげて、背負って運べる大きさですから、高が知れています。そんなに大きな石塚にはならないでしょう。それも川底の石です。どこどこ産の御影石とか大理石というものでもありません。ただの石ころを積んだだけの記念碑です。

神は、ヨルダン渡河の記念碑はこれで良し、と命じられました。ですから、これで十分なのです。もっと立派な記念碑をと心配せずともよいのです。そうでしょう。神のみわざを記念するのに、石自体が尊い必要はありません。ただの石で良い。「ヨルダン川を川底まで干上がらせる御力をもっている神」がおられることを示すことができればよいのですから。

なにも石が崇められる必要もありません。積み上げられた石の山が、「これらは川底から取って来たものだよ」とその由緒が語られ、神のみわざを思い起こさせるものなら、それで十分です。信仰の継承のために、これで十分でした。その石積みを記念碑として、「神を恐れ、信じる」信仰が継承されることが大切なのです。今回、気づいたことですが、この記念碑には文字が刻まれていません。記念碑は何も語らないのです。語るのは人です。石ではありません。石の山は、語るための機会を提供するだけです。ですから、ちょっとしたもので間に合いました。川底から拾い上げたことがすぐわかる、角のとれた丸い石を十二個積んだ石塚が人々に神の恵みのわざを語らせ続けたのです。

「私たちが神の救いのわざの生ける記念碑です」と言うのを聞いたことがありますが、まさにそのとおりです。ちょうどヨルダン川の川底から拾い上げてきた石のように、罪と滅びの中から引き上げられ、恵みの中に置かれ、永遠のいのちの約束をいただいている私たちです。「私を見て。イエス様の救いの記念碑よ！」とだれもが言えます。行いによって救われたのではありません。私たちが立派だからというので、神の子どもとされているのでもありません。罪人の私が救われています。一方的に愛され、一方的に見いだされ、一方的に救われました。キリストの教会が主の救いのみわざの記念碑なのです。一個、一個、見いだして積み上げてくださる主のみわざを共に喜びたいと思います。一つ一つの群れに主が用意していてくださる神の民がここにさらに加えられていくのです。

今、ここに礼拝をささげていることも、主の救いの記念碑となっています。家庭に戻っても、会社にあっても、学校にあっても、生きて歩いて動くキリストの救いの記念碑、それが私たち一人ひとりです。救いのしるしとして私を用いてくださいとの祈りに導かれます。「私たちを通して人々があなたに目を留め、十字架の救いに導かれることができますように」と。

注

1　一八八〇年七月二十日にニューヨークに到着したとのことです。

5　静まりて、我の神たるを知れ

〈ヨシュア五・一〜一五〉

イスラエルの民のヨルダン渡河。その記念碑にと十二の石を積み上げたギルガルから、棕櫚《しゅろ》の町エリコまでは、実にわずか三キロメートルほどでした。ギルガルに野営したイスラエル人たちを見て驚いたのは、その地の住人アモリ人たちです。それも、ヨルダン川の川底を歩いて渡って来たと聞いての驚きです。

「ヨルダン川の反対側、すなわち西側にいるアモリ人のすべての王たちと、海沿いにいるカナン人のすべての王たちは、**主**がイスラエル人の前で、彼らが渡り終えるまでヨルダン川の水を涸らしたことを聞くと、心が萎え、イスラエル人のゆえに気力を失ってしまった」(一節)。

地から湧いたか、天から降ったか。容易に渡れぬはずの川を越えて、突然に川向こうかららこちら側に姿を現したのです。それも、十人や二十人でなく、何十万との大群ですから、イスラエルの出現にただでさえ驚くところを、さらに川底を歩いて渡って来たと聞くのです。それが、イスラエルの神である主の力によると知った西のほうの住人たちの驚き、そして意気沮喪は、さもありなん、です。

とはいうものの、再び元のように川岸まで滔々《とうとう》と流れるヨルダン川を、今度は背にすることになるイスラエルの民です。まさに背水の陣となっています。前にはエリコの城壁、後ろはヨルダン川です。戻れぬ！　とあらば、進むしか方策はありません。それも、西のほうの住人が「気力を失ってしまった」という状況となれば、速攻のチャンスです。先に、ラハブの助けを借りて、この地を偵察した斥候の報告でも、「あの地の住民はみな……震えおののいています」というのですから、この期に一気に攻め込むのが有利と言える状況です。

ヨルダン川を驚くべき方法で渡った、約束の地に入った、と、ただ喜んでばかりいないで、「今が攻め取るチャンス」と、ヨシュアの目にも見えたことでしょう。そんな中で、主なる神からの指示を待つヨシュアですが、神からの第二声はなんと二節です。

「そのとき、**主**はヨシュアに告げられた。『火打石の小刀を作り、もう一度イスラエルの子らに割礼を施せ。』」

耳を疑う内容です。「戦いに備えて、剣を手にせよ」ではありません。「槍を用意せよ」でなく、「火打石の小刀を作り、割礼を施せ」と命じられたのです。

しかも、敵陣を前にしてです。同じ「割礼を施せ」との指示であっても、ヨルダン川の東岸でのことなら、まだしも話は分かります。しかるに、こちら側に渡って来て、エリコを前にして、いつエリコの軍勢が飛び出して来るやも知れぬこの場所で「割礼を施せ」というのです。後ろはヨルダン川です。敵軍の出現に対して、後退などできない状況です。

割礼の後は、傷の癒えるまで、二日、三日は動きの自由を奪われます。剣をもっての立ちふるまいにも支障が出ます。せっかくの戦闘力が激減するどころか、無に等しくなります。確かに、このとき割礼を受けずに戦闘力をそのまま維持できる壮年の者たちがいたことも事実です。五～六節に、こうあります。エジプトから出て来たイスラエルの民についてです。

「出て来た民はみな割礼を受けていたが、エジプトを出てから途中で荒野で生まれた民はみな、割礼を受けていなかった。イスラエルの子らは四十年間荒野を歩き回り、その間に民全体が、すなわちエジプトを出た戦士たち全員が、死に絶えてしまったからである。彼らが主の御声に聞き従わなかったので、私たちに与えると主が彼らの父祖たちに誓った地、乳と蜜の流れる地を、主は彼らには見せないと誓われたのである。」

つまり、エジプトから出て来た男子全員が割礼を受けていましたが、その中の戦士たち、つまり二十歳以上の者たちは旅の途中で死に絶えました。残る人々は、あれから四十年後の今、四十歳から六十歳の間となっており、彼らは割礼を受けていて、なお約束の地に入ることができていたのです。彼らは戦力となります。もっとも、祭司がその務めを五十歳で引退することが定められていた時代ですから、実戦に耐えられるのはそれほど多くはなかったのではないかと推測します。

ともあれ、多少の戦力を残しての割礼の儀式が命じられたのです。カナンの地の住民たちが恐怖に捕らわれていたことからも、即座に戦いを仕掛けては来ないだろうと、今これを読みつつ私たちは考えます。そうであっても、この命令には唖然としても不思議でないのに、ヨシュアは実直です。命じられたとおりに、「自ら火打石の小刀を作り、ギブアテ・ハ・アラロテでイスラエルの子らに割礼を施した」のです（三節）。「なぜ、こんなときに」と問い返すことなく、命じられるままに火打石を取り出し、小刀を作るヨシュア。黙々と、ただ主に従うヨシュアです。

割礼といえば、アブラハム以来のものです。イスラエルが神の民であることの「しるし」でした。今になって割礼を施す理由は四～七節にあります。

「ヨシュアが割礼を施した理由はこうである。エジプトを出たすべての民のうち男子、すなわち戦士たちはすべて、エジプトを出てから途中で荒野で死んだ。……そして、息子たちを彼らに代わって起こされた。ヨシュアは彼らに割礼を施したのである。彼らが途中で割礼を受けておらず、無割礼だったからである。」

四十年もの間、神の民のしるしである割礼の儀式が途絶えていました。それで、この時にということの事情はわかります。それでも、わざわざ敵前での割礼とは、尋常ではありません。確かにエリコの住人は震えおののいています。気力を失っています。手もとには、戦えても老齢と言える軍勢はいます。とはいっても、「窮鼠猫《きゅうそねこ》を嚙《か》む」ということもあるでしょう。窮地に立つエリコの軍勢が開き直って、あるいは自暴自棄になって、攻め出て来ないとも限りません。創世記三四章二五節にあるように、割礼を実施した直後であるのを知って、今がチャンスと打って出られたら、イスラエルは危ういのです。

けれども神は、この時に、この場所で、この状況で、「割礼を施せ」と命じられたのです。まさに、信仰の試練となる命令です。何に信頼して行動していくかを試みられているのです。これに応えて、ヨシュアは、しっかりと信仰の証しを立てました。そして、そのヨシュアに人々も従いました。

「民はみな割礼を受けると、傷が治るまで宿営の自分たちのところにとどまった」（八節）。

万が一にも、このときに敵襲という事態になっていたら、イスラエル軍は相当の損失となったことでしょう。もし民全体の割礼でも、これを日ごとに千人ずつという具合に、日を分けて順繰りに行うことによって、常に戦いを有利にするといった万全の体勢もとれたはずです。ところが、全員揃って神の命令に従ったのです。それで、神は九節で「今日、わたしはエジプトの恥辱をあなたがたから取り除いた」と言われます。そして、「その所の名はギルガルと呼ばれた。今日もそうである」と。

突然「エジプトの恥辱」が話題となって、何のことかと面食らいます。ギルガルという地名は、新改訳2017の欄外注によると「転がす」という意味で、恥辱が取り除かれたという意味であることがわかります。しかし、「恥辱」とはどういうことなのでしょうか。しかも、「今日、取り除いた」とは、ヨルダン川を渡ったことを関係がありそうですが、どういうことでしょうか。

申命記九章二八節にヒントがあります。

「そうでないと、あなたがそこから私たちを導き出されたあの国では、こう言うでしょう。『主は、約束した地に彼らを導き入れることができなかったので、また彼らを憎んだので、彼らを荒野で死なせようとして連れ出したのだ。』」

この恥辱です。神の御名が恥辱を受けるのです。まんまと奴隷に逃げられたエジプト側にしてみれば、「おまえたちは神に見捨てられ、荒野で死滅するために連れ出されたのだ。おまえたちの神は無力。それに信頼して付いて出て行って、それ見たことか、のたれ死にとは、愚かなことよ」ということでしょう。四十年間、一人、また一人と荒野で民が死ぬ。その現実を突きつけられ、聞かされたこの恥辱。イスラエルの民にとっては厳しいものだったでしょう。「神の約束はどこにあるのか。約束の地に本当に導かれていると思っているのか。おまえたちは荒野で滅ぼすために連れ出されたのではないか。神に憎まれているのではないか。」こうした数々の恥辱やそしりは、神への信頼を摘み取ってしまいかねません。しかし、これらを神は取り去ってくださったのです。

割礼の儀式を命じて、再びしっかりと彼らイスラエルが神の民であることを宣言されました。約束の地、乳と蜜の流れる地を与えるという約束が真実であることを、今、その地に立つ民に示されたのです。割礼こそ神の民のしるしでした。今こそ、それを再び得たことが、神がご自分の民を決して見捨てられなかったことの証しでした。それに、その命令に背かないで従ったことで、イスラエルもまた、神を信頼し従うものであるとの神よりの承認をいただいたことになりましょう。

四十年。長い年月です。しかしその四十年を経て、なお神はヨルダン川の奇跡を見せて、その力を示し、神ご自身がどこまでも約束に真実であって、カナンの地に踏み入らせてくださいました。この事実に立って、神は宣言されたのです。「汝らこそ、わが民なり」と。民もまた、「あなたこそ、われらの神」と告白していたことになりましょう。

割礼がすんで、その月の十二日と十三日に、人々は傷を癒しました。そして十四日には前進命令かと思われるのですが、今度は過越の祭りです。まるで、眼前のエリコのことなど忘れてしまっているかのようです。

「イスラエルの子らはギルガルに宿営し、その月の十四日の夕方、エリコの草原で過越のいけにえを献げた。過越のいけにえを献げた翌日、彼らはその地の産物、種なしパンと炒り麦を、その日のうちに食べた」（一〇～一一節）。

律法の規定どおりに、きちんとこれを守りました。過越の祭りは四十年前に、エジプトを出て来る直前に主の御使いがエジプト中の初子を、人間から家畜にいたるまで打ちましたが、目印に羊の血を鴨居と門柱に塗り付けておいた家は通り過ぎてわざわいを免れたのでした。これを記念した祭りです。エジプトの地を出て来る際に主が見せてくださった神の力を、神の真実さを、神の守りの確かさを思い起こさせるものです。

それに、律法の規定というなら、出エジプト記の一二章四八節には、寄留者に対してですが、「主に過越のいけにえを献げようとするなら、その人の家の男子はみな割礼を受けなければならない」とあります。先ほどの割礼の儀式は、この過越のいけにえを献げるための準備でもあったのです。

ということで、割礼の儀式に続いて過越の祭りとなります。家族ごとに静まって神の約束を思い起こし、その力あるみわざを心に刻む時をもちました。いけにえを献げつつ、エジプト脱出という大救出劇を記念する礼拝の時をもったのです。

「われらのために戦ってくださるのは神」とはわきまえているつもりであっても、現実の困難、苦難との戦いの最中にあっては、自分が先に出てくるものです。神への信頼は、祈りなどは、後回しにし、自分で戦いを始めます。神の御手を待っていられないものです。

「日曜日の礼拝だって？　呑気に構えて礼拝なんてしていられないよ。生きる戦いに明け暮れているんだからね。アーメンと言ってりゃ、食っていけるのかね？」となりかねません。確かに、食っていけるかどうかは重要ですが、たといそのことがどうなっても、それは主にお任せして、礼拝で一週を始める。主のみわざをたたえて歩み出す。それが神の民の姿です。そうでしょう。私たちに、このいのちを与え、日ごとの歩みを導き、永遠の御国にまで導いてくださる御方を横に置いて、いったい礼拝抜きで、何をしようというのですか。どう生きていくおつもりですか。この地上のいのちのことも、この人生のことも、全くゆだねきれる御方がおられるのですから、その御方を礼拝して歩み出す生活で良いし、それで安心なのです。「理屈なら、いくらでもそう言える。しかし現実は厳しいのです」というつぶやきが心の内から聞こえそうです。

けれども、現実の厳しさなら、ヨシュアも、その時代の人々も同じです。一二節にこうあります。

「マナは、彼らがその地の産物を食べた翌日からやみ、イスラエルの子らがマナを得ることはもうなかった。その年、彼らはカナンの地で収穫した物を食べた。」

四十年間、神は、荒野で生活するイスラエルの民のためにマナを降らせ、養ってくださいましたが、その日からはマナはやんだのです。雲の柱、火の柱はなくなり、カナン時代が始まりました。これからは、自分たちの手で衣食住のために労し戦う日々が始まります。だからこそ、まずは礼拝となるのです。恵みと導きの主の御手は、荒野の時代以上に必要ですから、主の前に歩む生活、生き方が大切となるのです。

この数日をヨシュアはどんな思いで過ごしていたでしょう。この一三〜一五節にたいへん有名な出来事が記されています。

「ヨシュアがエリコにいたとき、目を上げて見ると、一人の人が抜き身の剣を手に持って彼の前方に立っていた。ヨシュアは彼のところへ歩み寄って言った。『あなたは私たちの味方ですか、それとも敵ですか。』彼は言った。『いや、わたしは主の軍の将として、今、来たのだ。』ヨシュアは顔を地に付けて伏し拝み、[*1]彼に言った。『わが主は、何をこのしもべに告げられるのですか。』主の軍の将はヨシュアに言った。『あなたの足の履き物を脱げ。あなたの立っている所は聖なる場所である。』そこで、ヨシュアはそのようにした。」

抜き身の剣を手にした主の軍の将！　この人物は、受肉以前のイエス・キリストと解釈されているところです。神の御使いの一人とも考えられそうですが、御使いならば拒むであろうヨシュアの礼拝を受容していること。「聖なる場所」との宣告が、モーセの燃える柴の出来事と類似しており、神の臨在に関わる表現であること。この二つが理由となります。

そうしますと、主ご自身が共に戦う備えをして、ヨシュアの前に立っておられることになります。その手にある剣はエリコに向けられたものということになりますが、もう一方では、ヨシュアの不安の根を断ち切るものと読んでもよいでしょう。

この先ヨシュアを待ち受けているものは、カナン定住の大仕事です。しかし、「案ずるな」と抜き身の剣を手に先頭に立って戦い抜いてくださるのは、主の軍の将です。ヨシュアの心が聞いたのは、そんなメッセージだったのではないでしょうか。

私たちの描くイエス・キリストのお姿に、このヨシュアに現れたときのお姿、抜き身の剣を手にしたキリストの勇姿を加えて、心に描きとどめたいものです。柔和でロバの子に乗られるイエス様のお姿はよく知っています。ラザロの墓の前で涙された主のお姿も覚えています。良い羊飼いとして、迷える一匹の子羊を捜し出し、両腕に抱えて喜び戻られるキリストのお姿も心の中に描けます。それらに加えてです、この抜き身の剣を持って私たちの前を歩んでくださるキリストのお姿、勝利の主のお姿を心に刻みおきたいのです。王なるキリストのお姿を知るものでありたいのです。

生きる戦いもある。古き、卑しい自己との戦いもある。世との戦いにも、闇の主権者・この世の君との戦いにも、すべて先立って戦ってくださるのは、このお方です。主の軍の将にいます御方です。「戦いの主、われらとともにあり。」そう肝に銘じるとともに、「履き物を脱ぎ捨て、礼拝すること」こそ、主の軍の将たるイエス・キリストにふさわしいこととわきまえさせられたいのです。

注

1　礼拝を受容されるのは天使ではありえないこと。黙示録二二章参照。

6　救いを待つ信仰

〈ヨシュア六・一〜二七〉

第一節をお読みします。

「エリコはイスラエルの子らの前に城門を堅く閉ざして、出入りする者はいなかった。」

息を潜めて静まり返るエリコの住人と、そのエリコの草原で過越のいけにえを献げ、「種なしパン」と炒り麦を食べ、エジプトを出て来た四十年前のあの日の神のみわざを思い起こしているイスラエルの民。実に対照的です。しかも、種を入れないパンの祭りは七日間も続くのです（出エジプト一二・一五）。

父親が子どもたちに「種入れぬパン」の由来を語って聞かせる。葦の海の水が分かれ、紅海の底を歩いて渡り、追いかけて来たエジプトの兵士たちが全滅したことも、イスラエルの神のみわざ・御力をたたえつつ話して聞かせる。エリコの草原では神の御名が喜びたたえられているというのに、すぐ前のエリコの城壁の中では恐怖に襲われた住民が震えおののいている。城門を堅く閉ざして、人の動きはない。いや、堅く閉ざされていたのは、城門というより彼ら自身の心です。それも、イスラエルの神に対して閉ざされていました。十分に気づいているのです。その力も、偉大さも、向かうところ敵なしという現実も。ヨルダン川の水を涸らし、イスラエルの民を渡らせたことを知っています。だから、城門を開いて、戦いにと打って出ることなどはもちろんしない。ラハブが聞き知っていたように、川向こうのアモリ人の王シホンとオグが滅ぼされたことも知って、それでイスラエルを恐れているのです。自分たちは相手ではないとわかっている。だから、堅く堅く、しっかりと城門を閉ざして身動きせずにいます。

そこまでわかっていたら、降伏こそすべきでしょう。イスラエルとともに歩まれる御方を真の神と見て取ったら、その御方の力の偉大さを知ったなら、門を開けて、出迎えるべきでしょう。敵対するなら滅びを招くことが火を見るよりも明らかなのですから。

けれども、城門はますます堅く閉ざされたままです。不信仰の頑なさです。罪人の強情さです。川岸まで水を湛えていたヨルダン川の流れが逆立ち、川底を露《あらわ》にしたのです。それを聞いて知っているのです。それなのに、神の力を知れば知るほどに頑になっていくようです。困ったものです……と他人事ではありません。これが罪人の姿なのです。

「神がいるんだって！　じゃ、証拠を見せろよ」と言う。でも、証拠を見れば、見たで、さらに不信仰の壁の中に閉じこもります。出エジプトの際のファラオの姿を思い出すまでもないでしょう。あれだけの奇跡を、神の力を目の当たりにしても、降参などしないのです。

城門を堅く閉ざして、だれ一人出入りする者のいないエリコの住民。そのままでは、シホンとオグのように滅びが待っているとわかっていても、「主よ、あわれんでください」と叫び、御前に身を投げ出して、救いを求める者はいないのです。この驚くほどの頑なさと比べたら、続いて語られるイスラエルの民の従順さはなんと見事なことでしょう。信仰の従順とはいかなるものであるかを物語って、見事です。この奇怪な命令にまで従ったのですから。

「主はヨシュアに告げられた。『見よ、わたしはエリコとその王、勇士たちをあなたの手に渡した。あなたがた戦士はみな町の周りを回れ。町の周囲を一周せよ。六日間そのようにせよ。七人の祭司たちは七つの雄羊の角笛を手にして、箱の前を進め。七日目には、あなたがたは七回、町の周りを回り、祭司たちは角笛を吹き鳴らせ。祭司たちが雄羊の角笛を長く吹き鳴らし、あなたがたがその角笛の音を聞いたら、民はみな大声でときの声をあげよ。そうすれば町の城壁は崩れ落ちる。民はそれぞれ、まっすぐに攻め上れ』」（二〜五節）。

こう命じられたヨシュアは、そのとおり、祭司たちを呼び寄せ、契約の箱を担がせ、さらに、七つの雄羊の角笛を手にした七人の祭司をその前に配置する。加えて、武装した者たちに命じて、さらにその先頭を行かせ、民は契約の箱の後ろを行くこととしたのです。それも徹頭徹尾、無言の行進です。

「ヨシュアは民に命じた。『あなたがたはときの声をあげてはならない。声を聞かせてはならない。口からことばを出してはならない。「ときの声をあげよ」と私が言うその日に、ときの声をあげよ。』こうして主の箱は町の周りを回り、その周囲を一周した。彼らは宿営に帰り、宿営で夜を過ごした。

翌朝ヨシュアは早く起き、祭司たちは主の箱を担いだ。七人の祭司たちは、七つの雄羊の角笛を持って主の箱の前を進み、角笛を吹き鳴らした。武装した者たちは、彼らの先頭に立って行き、しんがりは角笛を吹き鳴らしながら主の箱のうしろを進んだ。彼らは二日目も町の周りを一周回り、宿営に帰った。六日間そのようにした。七日目、朝早く夜が明けかかるころ彼らは起き、同じようにして町の周りを七周回った。この日だけは町の周りを七周回った」(二〇〜一五節)。

一回りするのに、どのくらい時間がかかったのでしょうか。当時の町は思いのほか小さかったようです。エルサレムでも町の周りが約一キロメートル。シェケムは八百メートルくらいです。エリコはというと、現在のエリコの町の西の郊外にあるテル・エス・スルタンと呼ばれる所がそれらしいとされていますが、その丘も外周がわずか一・二キロほどです。一回りするのに、二、三十分もあれば十分でしょう。一人ならば、です。しかし、武装した者たちを先頭にし、次いで角笛を持つ七人の祭司たちと契約の箱を担ぐ祭司たち、最後に角笛を吹き鳴らす武装した者たちがしんがりとなる。行列となると、全体が一回りして戻って来るのには相当時間がかかりそうです。しかも、最終日は七回回り切ったうえで、戦いに費やす時間が残っている計算となります。精々一周にかけられる時間は一時間半くらいでしょう。とにかくも、この最後の日は、夜が開けかかるころから回り始めての一日がかりで、夕方近くまで、ぐるぐる回っていたのでしょう。

先には、割礼の儀式が命じられ、今度は、ぞろぞろと歩け、と命じられる。一日一回、を六日間。七日目には七回回って、大声をあげよ、というのです。そうしたら、敵の城壁は崩れ落ちるから攻め込め、という。大の大人に、戦士たちに、何という命令でしょう。子どもだまし、いや兵隊ゴッコにさえなっていません。ばからしい、やめた、と文句が出そうです。それも、相手がいてのことです。

最初は、怯えていたエリコの住民のこと、何が起こるかと、おっかなびっくり城壁の陰からのぞき、様子をうかがっていたことでしょう。けれども、ただ歩き巡るだけ、とわかれば、三日目、四日目あたりからは、城内よりの強烈なヤジが飛ぶ、となりそうです。無言の行列に、雄羊の角笛です。銀や青銅のラッパなら、その響きは勇ましくもあります。けれども角笛です。しかも、それを「吹き鳴らせ」と言う。角笛がだらだらと吹き鳴らされる中、ゾロゾロとひとことも口をきかずに足を運ぶ。異様な光景です。城壁の上からのヤジにも、ひとことも応えない。ただ、回るだけなのです。考えただけでも、嫌になりそうではありませんか。それでも、一日や二日ならやってみるにしても、それを三日、四日、五日、六日と繰り返す。七日目には、早起きまでして七回回るのです。しかし、これが服従ということなのです。

合計十三回回るのが服従なのです。それも、一日目に一回回ったら、石垣が一段崩れた、二日目には、ちゃんと二段目まで崩れたというなら、スリルにゾクゾクしながら、一日一回などに我慢できず、何度でも回りたくなるでしょう。ところが何も起こらないのです。最後の最後になって、七日目の七回目で突然崩れるのです。

はたして皆が辛抱できるか。そんな思いがヨシュアにはあったかもしれません。最初の一回りからが信仰の試練です。主なる神の指示に従って歩くかどうかの試練です。一日一回から始めて、合計十三回。全員がよくこの試練に耐えたと思います。よくも途中で投げ出して、「やぁめたっ」と、「一抜けた」となって、総崩れにならなかったと思います。エリコの住民の嘲笑、ののしりの声を耳にしつつ、それでも一言も語らず。押し殺した沈黙の中、主の指示どおりに足を運ぶ。見事です。

そして、七日目、エリコの城壁が波打ったかと思うと、外側に崩れ出しました。一六～一七節です。

「七周目に祭司たちが角笛を吹き鳴らしたとき、ヨシュアは民に言った。『ときの声をあげよ。主がこの町をあなたがたに与えてくださったからだ。この町とその中にあるすべてのものは主のために聖絶せよ。遊女ラハブと、その家にともにいる者たちだけは、みな生かしておけ。彼女は私たちが送った使いたちをかくまってくれたからだ。』」

そして二〇～二一節です。

「民はときの声をあげ、祭司たちは角笛を吹き鳴らした。角笛の音を聞いて民が大声でときの声をあげると、城壁は崩れ落ちた。そこで民はそれぞれ、まっすぐに攻め上り、その町を攻め取り、町のものをすべて、男も女も若者も年寄りも、また牛、羊、ろばも剣の刃で聖絶した。」

突然の大音響、地響き。舞い上がる土煙がすべてを隠し、やがてそれが治まると、目の前には城壁が階段のように崩れている。民は無我夢中で、その城壁を駆け上って攻め込んだことでしょう。

神の力は、七日目の七度目に突如として現れました。六度目までは何の兆しも見せずにいたにもかかわらず、です。アフリカに宣教師として入ったリビングストンは、十年間宣教して、ただの一人も回心者を得ませんでした。帰国しての報告会では、宣教師ではなく地図書きだと言われていたと聞いたことがあります。神の力の見えない長い時期があるものです。それでも、「なぜ、こんな無駄なことをしているのだろうか」と神の指示を疑うのは間違いです。なすべきことは、ただ立ち上がり、御声の指示に従うことです。

こうして、エリコ絶滅となりました。男も女も、若者も年寄りも、すべてが剣の刃で殺されていく。当時としては当たりまえの光景です。この凄まじさのゆえに、あのラハブの救いが恵みであったと知れるわけです。ヨシュアは、この地を偵察した二人の者に言った、と二二節にあります。

「あの遊女の家に行き、あなたがたが彼女に誓ったとおり、その女とその女に連なるすべての者を連れ出しなさい。」

そこで、斥候となった若者たちは行きます。

「偵察した若者たちは行って、ラハブとその父、母、兄弟、彼女に連なるすべての者を連れ出した。彼女の親族をみな連れ出し、イスラエルの宿営の外にとどめておいた。彼らはその町とその中にあるすべてのものを火で焼いた。銀や金、および青銅や鉄の器だけは主の家の宝物倉に納めた。しかし、遊女ラハブと、その一族と、彼女に連なるすべての者をヨシュアが生かしておいたので、彼女はイスラエルの中に住んで今日に至っている。エリコを偵察させようとしてヨシュアが送った使いたちを、彼女がかくまったからである」（二三～二五節）。

ラハブ一家を除いて、エリコの全住民が滅ぼされました。女、子どもまで。私たちの目には、とても酷い出来事と見えます。それだけ平和な世界に住んでいるのです。古代の社会での常識ではむしろ、ラハブを助けたというのは「甘っちょろい」と言われかねません。ラハブの救出のほうが例外的で、不当で、見逃せない出来事であったはずです。だから、偵察隊に対するラハブの行動が繰り返して説明されているのです。人々が、ラハブ一家が生き残っているのを見て、不当な情けをかけたと言い出さないためです。例外的に生かされて、自分たちの間で生活することになるラハブ一家救済の正当な理由が記録され、人々の間で確認され続ける必要があったわけです。

こうして、ラハブの名は、新約の信仰英雄列伝・ヘブル人への手紙一一章の中に残されることになりました。三一節です。

「信仰によって、遊女ラハブは、偵察に来た人たちを穏やかに受け入れたので、不従順な者たちと一緒に滅びずにすみました。」

次の三二節を見ると、「ダビデ、サムエル」などは名前だけですし、「預言者たち」と名前も記されないイザヤやエレミヤなどと比べて、ラハブが特別であることがわかります。その信仰と救いが、まるでモーセやアブラハム並みに詳しく記されています。やはり、ラハブの救いは特筆すべき出来事、彼女の信仰は特筆すべきものであったのです。

これで、カナンに入っての最初の戦いが終わりとなります。ヨシュアの告げる二六節の「のろい」と警告とは、アハブ王の時代に現実となります。列王記第一、一六章三四節にこうあります。

「彼の時代に、ベテル人ヒエルがエリコを再建した。彼は、その礎を据えたとき長子アビラムを失い、門を建てたとき末の子セグブを失った。ヌンの子ヨシュアを通して語られた主のことばのとおりであった。」

数百年を経て、人々は忘れたでしょうが、主はお忘れにはなりません。人々は事件を目撃して、告げられたことばどおりだった、とあらためて主のことばの真実さを思い知ったことでしょう。

ヨルダン渡河、エリコの崩壊。この二つの大奇跡を学び終えました。ヨルダン川は自然の難関です。エリコの城壁は人工の難関です。この両方とも、イスラエル人は人手によらず、人の知恵によらず、乗り越えていたのです。となれば、逆に、人間的な弱さ、脆さに絶望することはない、ということです。拠り頼むべきでないのに、頼みとするから、失望となるのです。「神の御力に頼れ」と諭されるのです。

ヨルダン川を渡るのに、バケツいっぱいの水を自らの手で掻《か》き出したわけではありません。エリコも同じでした。剣を一振りする前に、神がこれを攻め落として、イスラエルのものとしてくださっていたのです。そう言えば、民の指導者であるヨシュアも同じでした。無為、無策の総大将です。自分の知恵、強がりなど不要です。ただ神の命に従うことだけでした。やはり人間として最上の、最高のことは、神の命に従うことです。ヨシュアという名前は「主は救い」との意味ですが、そのとおりでした。主がすべてです。そして、その主にひたすら信頼しきったラハブの姿が心に残ります。

七日目の、あの七度目の角笛と、時の声の中、ラハブは、まさに崩れ行く城壁に建て込まれた家の中で、救いを待っていました。阿鼻叫喚《あびきょうかん》の地獄に救いを得たのです。家の窓に結ばれた一本の赤い紐。崩れ行く城壁の中で、その一角は崩壊を免れ、ラハブとその一家が守られました。滅びの中に救いを得たのです。まさに、キリストの赤い血潮の救いを信じる者のお手本です。

エリコは、この世のように堅く城門を閉ざし、心を閉ざしていました。その中に、たった一人、心を開いて救いを待っていたラハブです。あの二人の斥候は、真っ先にラハブの家の戸口に駆けつけたことでしょう。あのときの約束を果たすために。主の救いは確かでした。

この世界も、この世も、やがて主のさばきのもとに滅びてゆくものです。この世がますます頑なになってゆくとき、ラハブのように、贖いの完成を待ち望む者こそ、この私たちです。キリストの日に、エリコのように地は滅びゆくとしても、「わが救い、主にありて揺るがず、確かなり」。その確信を新たにしたく思います。

それに、滅びに向かう民の中に、ラハブのように、救いを待ち望む者があるということも忘れないように。「救いの福音を聞くことを願い、待ち望む者、そんな一人のもとに私をお遣わしくださいい」、そんな祈りをもって、この週も、「新たに主の証人として歩み行かせてくださいい」との願いを祈りに加えたいと思うものです。

7　神の御前に聖さを求めて

〈ヨシュア七・一～二六〉

連戦連勝、白星続きのイスラエル軍に、ここに来ての取りこぼしとなります。エリコには、まさに完璧な勝利を収めたのに、この小さな町アイには完敗を喫したのです。カナンの地での初めての汚点です。綺麗に進んで来たヨシュア記の最初のつまずきとなったのが、アカン事件でした。一節はこう記します。

「しかし、イスラエルの子らは聖絶の物のことで主の信頼を裏切った。ユダ部族のゼラフの子ザブディの子であるカルミの子アカンが、聖絶の物の一部を取った。それで、**主**の怒りがイスラエルの子らに向かって燃え上がった。」

「すべてを聖絶せよ」と命じられていたのに、「主の信頼を裏切っ（て）……聖絶の物の一部を取った」のです。イスラエル軍敗退の原因となるのは、アカンという人物です。名前を聞いただけでも、「もうアカン！」となりそうです。その名前の意味も「トラブル」、「元凶《げんきょう》」というのでは、そもそも名前が悪かった、などと親のせいにされてしまいそうですが、なんのなんの、マリアは「拗ねっ返り」、「頑固」が元の意味だということですから、名前は全く関係ありません。

このアカンの横領には、だれ一人気づきませんでした。それが発覚したのは、尊い人命が失われた後で、となります。

まず、二節、三節を見てください。

「ヨシュアは部下をエリコからベテルの東、ベテ・アベンの近くにあるアイに遣わし、彼らに言った。『上って行って、あの地を偵察せよ。』部下たちは上って行って、アイを偵察した。彼らはヨシュアのもとに帰って来て言った。『民をみな上って行かせるには及びません。二、三千人ぐらいを上らせて、アイを討たせるとよいでしょう。彼らはわずかですから、民をみな送って骨折らせるには及びません。』」

アイの人口は八章二五節によると、一万二千人です。男の数を半分として六千人。そのうち戦えるのは、せいぜい半数の三千人と見ても、多過ぎるくらいでしょう。勢いに乗っているイスラエル軍です。二、三千の手勢で十分との偵察隊の判断自体は誤っていませんでしたが、それが青くなって逃げ帰って来ることになったのです。

「そこで民のうち、およそ三千人がそこに上って行ったが、彼らはアイの人々の前から逃げた。アイの人々は彼らの中の三十六人を打ち殺し、彼らを門の前からシェバリムまで追って、下り坂で彼らを討った。民の心は萎え、水のようになった」（四〜五節）。

「心が萎え」とは、先にエリコの民について用いられていたことばです。初めての敗戦です。あまりにもショックです。これに最も心を痛めたのは、指揮をしていたヨシュア自身でしょう。

「ヨシュアは衣を引き裂き、イスラエルの長老たちとともに、主の箱の前で夕方まで地にひれ伏し、自分たちの頭にちりをかぶった」（六節）。

全くの予期せぬ事態です。「負けて逃げ帰って来る」などということは、まさに想定外のことで、対策ももともと用意していません。それが、現実となったのです。長老たちを集めての対策会議となるところですが、集まったのは「主の箱の前」です。頭にちりをかぶり、ことばもなく、押し黙ってひれ伏していたのでしょう。「夕方まで……」。夕方になって、やっと口を開くヨシュアです。でも、それは、人間の知恵を求めてではなく、神への祈りとなるのは、さすがヨシュアです。ただし、この時の祈り、いささか含むところのある祈りです。

戦には戦の力学があると聞きます。綱引き同様に、一度浮き足立ったら、徹底的に負けとなります。一気に崩れるものです。一度「不敗のイスラエル」との名が奪われれば、勢いづいた敵側は、そのまま勢いに乗ってきます。

「ああ、主よ。イスラエルが敵の前に背を見せた今となっては、何を申し上げることができるでしょう。カナン人やこの地の住民がみな、これを聞いて私たちを攻め囲み、私たちの名を地から断ってしまうでしょう」（八〜九節）。

こうなるのも時間の問題、と心配して訴えるヨシュアですが、その口ぶりは、神の御前で、だだを捏ねているような気もします。七節の語り出しでは、「ああ、**神**、主よ。あなたはどうして、この民にヨルダン川をあえて渡らせ、私たちをアモリ人の手に渡して滅ぼそうとされるのですか。私たちは、ヨルダンの川向こうに居残ることで満足していたのです」と。「こんなことになるなら、いっそのこと、ヨルダン川の向こう側におったほうが……」と口を尖らせています。九節でも、「あなたは、あなたの大いなる御名のために何をなさるのですか」と語り、「大いなる」と言って、神の気を引いているのです。何か駆け引きをしているような祈りです。それでも、ただぐずっているのでなく、ちゃんと神の側の急所を突いている祈りです。「いったいあなたは、御名のために何をなさろうというのですか。まさか、ここで私たちを滅ぼしてしまわれるのではないでしょうね。それでは、せっかくの『大いなる』御名の名折れではありませんか」とばかりに、神に詰め寄るのです。

ところが、その「大いなる」御名を侮り、汚していたのは自分たちの側でした。神様も、またヨシュアの訴えを受けて、逆に今度はそのヨシュアの急所を突き返してこられたのです。

「**主**はヨシュアに告げられた。『立て。なぜ、あなたはひれ伏しているのか。イスラエルは罪ある者となった。彼らはわたしが命じたわたしの契約を破った。聖絶の物の一部を取り、盗み、欺いて、それを自分のものの中に入れることまでした。だから、イスラエルの子らは敵の前に立つことができず、敵の前に背を見せたのだ。彼らが聖絶の者となったからである。あなたがたの中から、その聖絶の物を滅ぼし尽くしてしまわないなら、わたしはもはやあなたがたとともにはいない』」(一〇～一二節)。

ここまで聞いて、司令官、戦略家としてのヨシュアは「兵力は三千で十分」とした自分の判断は正しかった、敗因は兵力の計算違いではなかった、とホッとしながらも、指導者としては愕然としたことでしょう。なんと敗因はわが身のうちにあったのですから。主はヨシュアに、この罪の取り扱い方を指示します。

「立て。民を聖別せよ。そしてこう言え。

あなたがたは、明日のために自らを聖別しなさい。イスラエルの神、**主**がこう告げられるからだ。『イスラエルよ、あなたの中に聖絶の物がある。あなたがたがその聖絶の物を、あなたがたの中から取り除くまでは、敵の前に立つことができない。明日の朝、部族ごとに進み出よ。**主**がくじで取り分ける部族は氏族ごとに進み出、**主**がくじで取り分ける氏族は家族ごとに進み出、**主**がくじで取り分ける家族は男一人ひとり進み出よ。聖絶の物のことでくじで取り分けられた者は、彼も彼に属するすべてのものも、火で焼かれなければならない。彼が**主**の契約を破ったからであり、彼がイスラエルの中で恥辱となることをしたからである』」(一三～一五節)。

そして一六～一八節です。

「翌朝ヨシュアは早く起き、イスラエルを部族ごとに進み出させた。ユダ部族がくじで取り分けられた。ユダの諸氏族を進み出させると、ゼラフ人の氏族がくじで取り分けられた。ゼラフ人の氏族を男一人ひとり進み出させると、ザブディがくじで取り分けられた。ザブディの家族を男一人ひとり進み出させると、ユダ部族のゼラフの子ザブディの子カルミの子のアカンが、くじで取り分けられた。」

人々の見守るなかで、ついにくじは、アカンを取り分けたのです。今や逃れられないアカンに、ヨシュアは、「わが子よ。イスラエルの神、主に栄光を帰し、主に告白しなさい。おまえが何をしたのか、私に告げなさい。私に隠してはいけない」（一九節）と告白を促し、アカンも、「確かに、私はイスラエルの神、主に対して罪を犯しました。私は次のようなことをしました」（二〇節）と口を開き、「私は分捕り物の中に、シンアルの美しい外套一着と、銀二百シェケルと、重さ五十シェケルの金の延べ棒一本[*1]があるのを見て欲しくなり、それらを取りました。それらは今、私の天幕の中の地面の下に隠してあり、銀もそこにあります」（二一節）と言います。動機は、ただ「見て欲しくなり」取った、と単純です。

シンアルの外套とは、シンアルつまりバビロンの外套のことです。大都市バビロンの外套です。当時、シンアルの外套といえば、最高級品、流行の最先端をいくものといった人気商品だったのでしょう。金糸をもって巧みに造型が織り込まれ、刺繍の施された、彩り鮮やかな美しいものを想像します。これが目に留まり、見て欲しくなって取ったのです。エデンの園での、エバもまた、これと同じ動作をしていました。

「そこで、女が見ると、その木は食べるのに良さそうで、目に慕わしく、またその木は賢くしてくれそうで好ましかった。それで、女はその実を取って食べ……」（創世三・六）。

簡単なものです。どちらも簡単すぎることが、かえって恐ろしくなります。

ヨシュアがこれを確かめに人を遣わすと、アカンの言ったとおり、天幕の中に隠してありました。

「使いたちはそれらを天幕の中から取り出し、ヨシュアとすべてのイスラエルの子らのところに持って来て、**主**の前に置いた」（二三節）。

一同これを眺めて呆然とし、ことばもなかったでしょう。こんな一山の盗品のせいで、三十六人のいのちが失われ、イスラエルの中に大パニックが引き起こされ、カナン人の気勢を上げさせたのです。

一個の腐ったリンゴが一箱をダメにするように、アカンたった一人の行動がイスラエル全体の破滅に結びつくところでした。先祖たちは己の不従順のゆえに荒野で死に絶え、今、新しい世代も不従順の罪で滅びそうになっています。こんな個人の身勝手が原因となって。

聖絶の物を一掃してしまわないなら、「わたしはもはやあなたがたとともにはいない」

とまで宣言されたイスラエルの民とヨシュアは、意を決して主の命令に従います。二四節から二六節、第七章の最後の部分です。

「ヨシュアは全イスラエルとともに、ゼラフの子アカンと銀、外套、金の延べ棒、および彼の息子、娘、牛、ろば、羊、天幕、それに彼のすべての所有物を取って、アコルの谷へ運んだ。ヨシュアは言った。『なぜ、おまえは私たちにわざわいをもたらしたのか。**主**は今日、おまえにわざわいをもたらされる。』全イスラエルは彼を石で打ち殺し、彼の所有物を火で焼き、それらに石を投げつけた。人々はアカンの上に石くれの大きな山を積み上げた。今日もそのままである。**主**は燃える怒りを収められた。それで、その場所の名はアコルの谷と呼ばれた。今日もそうである。」

はたして一緒に連れ出されたアカンの家族がどうなったのかはわかりません。ただ、見ておくようにと連れ出されたのか。あるいは、知らぬはずのないことゆえ、共犯者として処刑されたのか。アコル――わざわいの谷と呼ばれることになる――この谷に響いた鋭い悲鳴が耳に残るようです。

それにしても、この大事件の動機が「見て欲しくなった」と、それだけであるとは！アカンは実につまらない男です。しかも、エリコでの戦いのさなかの出来事です。ヨルダン川の川底を歩いて渡って来て、まだ何日も経っていません。ヨルダン渡河の感激など、この男の心に何もなかったのでしょうか。エリコの城壁が崩れるのを、その目で見たはずです。神の御力を見たはずなのに、その神の前にかくれんぼを企てたのです。何食わぬ顔で、勢揃いした民の中に立つ。くじが引かれ、自分に絞られてゆく間、何を考えていたのでしょうか。よもや取り分けられまい、とでも思っていたのでしょうか。神の良くしてくださることに慣れきって、その義なる厳しさを忘れてしまったのでしょうか。なんとも恐ろしいのは、神を侮る、その罪意識の鈍さです。自分一人くらいと考えたのでしょうか。とんでもないこと！　イスラエル全体を神の怒りのもとに置き、滅びに直面させたのですから。たった一人の身勝手と罪がこうまで全体の歩みを危機にさらすものであるとは。好い加減にできない教訓です。

それに、「高がこれくらい」などということで片づく問題ではありません。これも、罪を見くびるアカン根性です。アカンがくすねたのはシンアルの外套一着に、銀や金の延べ棒です。この外套一着の価格は見当もつきませんが、金の延べ棒のほうは五十シェケルなので、約五百七十グラムです。グラムあたり八千五百円とすると、四百八十四万円相当です。あとは全部を滅ぼし、聖絶したとなれば、これくらいは大目に見て、となるかといえば、そうはいかないのです。小さな不従順も、大きなものも変わりありません。罪はみな御怒りを引き起こすものなのです。

私たちの信仰告白は、「永久刑罰に価しないほど小さな罪がないように、真に悔い改めている者にも永久刑罰を来らせることができるほど大きな罪はない」[*2]と教えています。小さな罪だからといって、甘く見てはいけないし、そんな根性は御前で忌み嫌われるもの、神の聖なることを蔑ろにするものです。アカンの悔い改めが真実であるなら、一時的な刑罰を受けたにせよ、永久刑罰を免れていたでしょう。箴言二八章一三節、「自分の背きを隠す者は成功しない。告白して捨てる者はあわれみを受ける」のです。アカンの永久刑罰がどうなったのかは、私たち人間には知ることができない事柄です。そのことは主におゆだねすべき事柄であるということです。

ともあれ、アカンの心の内に野放しにされていた欲望が、人間独特の毒花を咲かせたヨシュア記七章でした。

もしや、このアカンの油断、侮り、アカン根性、私たちの内に潜んでいないでしょうか。「見て欲しくなった。」心の中のアカンが野放しになっていないでしょうか。勝てぬ信仰の戦いがあるとすれば、このアカンのゆえではないか、と自己吟味が必要とされるのではありませんか。自らの内に肉の罪を潜ませておいては、信仰の戦いに勝利なしとなるのですから。除き去るべきものは除き去れ。日ごとの生活の中でも、内なる心の思いの中でも、一掃せよ。そうです。キリストの赦しのお約束があるのですから。ヨハネの手紙第一、一章九節です。

「もし私たちが自分の罪を告白するなら、神は真実で正しい方ですから、その罪を赦し、私たちをすべての不義からきよめてくださいます。」

悔い改めて、告白して、この週も戦いに備えよ。くれぐれも罪を、どんな罪をも侮るなかれ。隠すなかれ。放置するなかれ。

以前、使われていた『讃美歌』の四六三番の第三節から五節に、こういう歌詞があります。

「あだにすごす　つかのまも、
わがいのちの　一節《ひとよ》なり。
かりそめなる　あやまちも、
ほろびにいる　門《かど》ぞかし。
あいのちさき　わざすらも、
地をば神の　国となさん」

私たちの罪の贖いとなり、聖めを全うした恵みの中にとどまり歩むためにも、罪に敏感であれ。赦しの主に背を向け、隠すのではなく、告白するように、と主は招いておられるのですから。心砕かれ、悔いる心を得よ。石の心でなく、肉の心を得よ。赦し、聖めてくださる御方がおられるのですから。

主の聖めをいただいて、新たなる歩みを始めたい。アコルの谷、アカンの名*3を覚えて、罪の告白を促すトゲとして心を刺されたく思うのです。決して罪を侮るなかれ、との教訓として。

注

1　九一頁で述べるように、一シェケルが一一・四グラムであるとすると、五十シェケルは五百七十グラムです。二〇二二年十一月四日の買取相場が一グラムで八千五百円ですから、四百八十四万五千円くらいです。

2　『ウェストミンスター信仰告白』第一五章「命に至る悔い改めについて」第四項。

3　アカンのさばきの意味を彼の滅びとして解釈してよいのでしょうか。「彼らが肉体においては人間としてさばきを受けても、霊においては神によって生きるためでした」（Ⅰペテロ四・六）は、アカンがさばきと死の後、なお神の民として生きる者であることを教えるものではないのでしょうか。

8　祝福にものろいにも

〈ヨシュア八・一〜三五〉

聖絶の物に手を出したアカンの死をもって閉じられたヨシュア記七章でした。それも、城壁の町エリコに比べれば「何のこれしき」と思えたアイに対する手痛い負け戦となって発覚したアカンの罪のことでした。連戦連勝のイスラエル軍が小さな町アイを前にして逃げ帰って来ました。たった一人の罪のために、それも味方の中の一人のためでした。神の御前に全体が聖くなければならないことを自覚させられたことでしょう。アカンの横領、この一点のシミが神の不快、怒りの因《もと》となっていました。

そのアカンが取り除かれた今、ヨシュア自身も、身を慎みつつ、神からの次の指示を待っていたことでしょう。どんな御声がかかるかと、思っていたら、一節、二節の励ましです。

「恐れてはならない。おののいてはならない。戦う民をすべて率い、立ってアイに攻め上れ。見よ、わたしはアイの王と、その民、その町、その地をあなたの手に与えた。あなたがエリコとその王にしたとおりに、アイとその王にもせよ。その分捕り物と家畜だけは、あなたがたの戦利品としてよい。あなたは町の裏手に伏兵を置け。」

確かに、神の怒りは、アカンの処罰によって取り除かれていました。それゆえ、ヨシュアに対する主の御声は、いつもの調子です。「恐れてはならない。おののいてはならない」との激励となります。アカン事件は、アカンの死で終わり、主はヨシュアを責めるのではなく、励まされるのです。勝利の約束を与え、さらに、勝利して後の分捕り物の処置の仕方まで指示されました。今度は、「戦利品としてよい」と。アカンも、ここまで待っていれば良かったのです。先走ったがために、いのちを失ったのでした。それでも、「見て欲しくなり」盗ったのですから、「待てば良かった」などという考えは通用しないのでしょう。「待つこと」ができなかったのですから。

それにしても、なぜ今度は、聖絶の物とならずに自分のものとしてよい、と変わったのでしょうか。おそらくエリコは最初の町だったからでしょう。初物は主のものとの考え方はよく見かけますから、そうであれば、カナン、約束の地の最初の町エリコについても、これをすべて聖絶し、主のものとせよ、ということだったのでしょう。その初物を横領したアカンだったのです。

今回は、勝利の約束が与えられての戦いとなるが、先の戦いでは、主に導きを求めずに、自分の力に頼ってヨシュアが戦いを始めたのがまずかった、という声が聞かれますが、それは違うでしょう。敗因はアカンの問題であったことが明らかにされたのですから。

さて、主の御声に、一度に力を得たヨシュアは、てきぱきと備えを始めます。三〜九節です。

「そこでヨシュアは戦う民すべてとともに、アイに上って行くために立ち上がった。ヨシュアは三万人の勇士を選んで夜のうちに派遣し、彼らに命じた。『見よ、あなたがたは町の裏手から町に向かう伏兵だ。町からあまり遠く離れないで、みな身構えていなさい。私と、私とともにいる兵はみな町に近づく。アイの人々がこの前と同じように、私たちに立ち向かって出て来たら、私たちは彼らの前から逃げることにする。彼らは私たちを追って出て来るので、私たちは彼らを町からおびき出すことになる。彼らは「この前と同じように、われわれの前を逃げて行く」と言うだろうから。私たちは彼らの前で逃げることにする。あなたがたは伏せているところから立ち上がり、町を占領せよ。あなたがたの神、**主**がその町をあなたがたの手に渡される。その町を攻め取ったら、その町に火を放て。**主**のことばどおりに行うのだ。見よ、私はあなたがたに命じる。』ヨシュアは彼らを派遣し、彼らは待ち伏せの場所へ行き、ベテルとアイの間、アイの西側にとどまった。ヨシュアはその夜、兵とともに夜を過ごした。」

精鋭三万がまずは、夜陰に乗じて行動を開始します。エリコからアイまでは、道のりにして約二十四キロほどです。季節は春とはいえ、夜の長さはこの移動には十分です。黒い陰が静かに動き出す。夜明けまでには到着可能。

作戦も、主からいただいての戦いでした。伏兵を町の西に置き、主力は、北からの正面攻撃とばかりに打って出て、誘い出す作戦でした。「戦う民すべてとともに」とも言っています。前回の攻撃では、わずか三千名の戦力で十分と見たのですが、負けた原因はアカンひとりのゆえでした。決して兵力が不足していたためではありませんでした。それが今、あらためて「全軍進撃」との指示が出されるのです。一度とはいえ、負け戦を取り戻すためには大変な努力が必要なのです。一歩の退却の心理的な影響はそれだけ大きかったのです。

わずか三千の兵で十分と見ていたアイに対して、今「全軍」で向かって行かねばならない。一度揺らいだ確信、「主がともにおられるので、大丈夫」との確信を取り戻すには、全軍で向かって行って、全軍で勝利を体験して、乗りきる必要があるほどに、アカン事件の後遺症は大きかったのです。主にあっての戦いの学び直しです。「信頼」の思いも繋ぎ直す。民が一つとなって戦う、という戦い方も学び直す。アカンのような身勝手がどんな犠牲を必要とするかを学んだのですから、一からのやり直しです。一歩一歩の歩みが大切なのです。立ち止まれば、あらためての一歩を踏み出すのにも努力が必要でしょう。まして、一歩退けば、何倍もの努力が必要となってくるものです。

信仰の戦いも同じでしょう。今日は悪魔の姿が自分と同じくらいの背丈に思えても、こちらがちょっと後退すれば、明日には相手が百倍にも巨大になっていて、取り戻すには必死の戦いを覚悟しないとならなくなるものです。毎週毎週、こうして礼拝の場にいつもいられることも恵みです。

さて、一〇～一三節です。

「翌朝ヨシュアは早く起きて、兵を召集し、イスラエルの長老たちとともに、兵の先頭に立ってアイに上って行った。彼とともにいた戦う民はみな、上って行った。彼らは町の前に近づき、アイの北側に陣を敷いた。彼とアイの間には谷があった。彼は約五千人を取り、ベテルとアイの間、町の西側に伏兵として配置した。兵は町の北側に全陣営を置き、町の西側にはその後陣を置いた。ヨシュアはその夜、谷の中に下って行った。」

こうして、布陣は一日にして完了。特別に五千の伏兵を配置しての陣備えです。アイの北西部には谷があり、崖の下は町の死角となっていました。アイの町から見えるのは、目の前に群がっているイスラエルの陣営だけです。「懲りずに、また来たか。けちらしてくれよう」とばかりに、アイの兵士たちは勢いに乗って、高笑いしながら出て来たことでしょう。

「アイの王がそのことに気づくと、町の男たち、王とその兵はみな、急いで朝早く起き出し、イスラエルに立ち向かって戦うために、アラバの手前の決めておいた場所に出て来た。しかし、王は町の裏手に伏兵がいることを知らなかった」（一四節）。

まんまとおびき出された山の上のオオカミたちです。ヨシュアと全イスラエルは、彼らに打たれ、蜘蛛の子を散らすように、荒野の道を通って逃げ去る。「奴らのあとを追え。一人も逃すな」と叫んでの追撃戦が始まります。自分たちの町を空にしたのです。思うつぼに嵌《はま》ったのでした。こうして、アイ陥落。壮絶な戦いが展開されます。それが、一八節から二九節に描かれています。少しおもむきを変えて、文語訳で引用してみましょう。まるで『太平記』のような全滅戦です。（引用は、読みやすさを考え、適宜、句読点等を補いました。）

「時にヱホバ、ヨシユアに言《いひ》たまはく。汝の手にある矛《ほこ》をアイの方《かた》に指伸《さしのべ》よ。我これを汝の手に授《さづ》くべしと。ヨシユアすなはち己の手にある矛《ほこ》をアイの方《かた》に指伸《さしのぶ》るに、伏兵たちまち其處《そのところ》より起りヨシユアが手を伸《のぶ》ると齊《ひと》しく奔《はせ》きたりて邑《まち》に打《うち》いり、之を取りて直《たゞち》に邑《まち》に火をかけたり。茲《こゝ》にアイの人々背《うしろ》をふりかへりて観《み》しに、邑《まち》の焚《やく》る煙天《けぶりてん》に立騰《たちのぼ》りゐたれば、此《こゝ》へも彼《かしこ》へも逃《にぐ》る術《すべ》なかりき、斯《かか》る機《おり》しも荒野《あれの》に逃《にげ》ゆける民も身をかへして其追《そのおひ》きたる者等《ども》に逼《せま》れり。

ヨシユアおよび一切《すべて》のイスラエル人《びと》、伏兵の邑《まち》を取りて邑《まち》の焚《やく》る煙《けぶり》の立騰《たちのぼ》るを見、身を還《かへ》してアイの人々を殺しけるが、かの兵また邑《まち》より出《いで》きたりて彼らに向《むか》ひければ、彼方《かなた》にも此方《こなた》にもイスラエル人《びと》ありて、彼らはその中間《なか》に挟まれぬ。イスラエル人《びと》かくして彼らを攻撃《せめうち》て一人も餘《あま》さず逃さず。つひにアイの王を生擒《いけどり》て、ヨシユアの許《もと》に曳《ひき》きたれり。

イスラエル人《びと》己を荒野《あれの》に追《おひ》きたりしアイの民をことごとく野に殺し、刃《やいば》をもて、これを仆《たふ》し盡《つく》すにおよびて、皆アイに帰り刃《やいば》をもってこれを撃《うち》ほろぼせり。その日アイの人々ことごとく斃《たふ》れたり。その数男女あはせて一萬《まん》二千人。

ヨシユア、アイの民をことごとく滅ぼし絶《たつ》までは、その矛《ほこ》を指伸《さしのべ》たる手を垂《たれ》ざりき。但しその邑《まち》の家畜および貨財はイスラエル人《びと》これを奪ひて、自ら取《とれ》り。是《こ》はヱホバのヨシユアに命じたまひし言《ことば》に依《よる》なり。

ヨシユア、アイを燬《やき》て、永くこれを墟垤《あれつか》とならしむ。是《これ》は今日まで荒地《あれち》となりをる。ヨシユアまたアイの王を薄暮《ゆうぐれ》まで木に掛《かけ》てさらし、日の没《いる》におよびて、命じてその死骸を木より取りおろさしめ邑《まち》の門の入口にこれを投《なげ》すて其上《そのうへ》に石の大垤《おほつか》を積《つみ》おこせり。其《それ》れは今日まで存《のこ》る。」


振り返って、町の焼ける煙に唖然とするアイの兵たちの姿。栃木県北部育ちの私にとっては、白虎隊に重なります。鶴ヶ城の炎上と見誤って、飯盛山で自刃した十六名の少年隊の姿に、です。とにかく壮絶です。古代の戦は、今日とは違って、厳しく生きていた古代人の世界です。アイ全滅。援軍を送ったベテルの兵士もまた一人も生きて帰らずなのです。

先の戦いで初めての負けを見せたイスラエル人たちを見て、「やれやれ」と気を良くしていた周囲の国々の王たちの顔色は、再び変わったことでしょう。

こうして、挟み撃ちの作戦を練って打ったのが一万二千人です。全軍総出での戦でした。主の戦いのあり方を確かめ直したのです。主の御前に一つとなって戦うことを学び直した出来事でした。アイの出来事は読む者にも教訓を残してくれました。

戦いに勝って、ヨシュアは神への忠誠を新たにすべく、礼拝をすべての民とともにささげます。

「それからヨシュアはエバル山に、イスラエルの神、**主**のために一つの祭壇を築いた。それは、**主**のしもべモーセがイスラエルの子らに命じたとおり、またモーセの律法の書に記されているとおり、鉄の道具を当てない自然のままの石の祭壇であった。彼らはその上で**主**に全焼のささげ物を献げ、交わりのいけにえを献げた。ヨシュアはその場所で、モーセがイスラエルの子らの前で書いた律法の写しを、石の上に書いた。全イスラエル、その長老たち、つかさたち、さばき人たちは、寄留者もこの地で生まれた者も同様に、**主**の契約の箱を担ぐレビ人の祭司たちの前で、箱のこちら側と向こう側とに分かれ、半分はゲリジム山の前に、もう半分はエバル山の前に立った。それは**主**のしもべモーセが以前命じたように、イスラエルの民を祝福するためであった。その後、ヨシュアは、みおしえの書に記されているとおりに、律法のすべてのことばを、祝福ものろいも読み上げた。モーセが命じたすべてのことばの中で、ヨシュアが、イスラエルの集会全体、および女と子どもたち、および彼らの間で生活する寄留者の前で読み上げなかったことばは、一つもなかった」(三〇～三五節)。

実に厳かです。勝利に沸き、喜びの酒盛りとなるべき時が、厳粛に神に礼拝をささげ、みことばを書き写して、ヨシュア自ら、これに聞き入ったのです。まさにアカンの事件のあとだけにドラマチックです。

全焼のささげ物は神への献身を表し、交わりのいけにえは神との和合、交わりを表すものと言われます。この二つのささげ物については、出エジプトの際にシナイの荒野で、モーセを通して十戒が与えられたときに、出エジプト記二〇章二四～二五節で、「あなたは、わたしのために土の祭壇を造りなさい。その上に、あなたの全焼のささげ物と交わりのいけにえとして、羊と牛を献げなさい。わたしが自分の名を覚えられるようにするすべての場所で、わたしはあなたに臨み、あなたを祝福する。もしあなたが、わたしのために石で祭壇を造るなら、切り石で築いてはならない。それに、のみを当てることで、それを冒すことになるからである」と命じられていました。イスラエルがエジプトの苦役から救い出され、神の民として神との契約のもとに置かれた四十年前の出来事です。今、再び、この全焼のささげ物と交わりのいけにえを献げることで、かつて結ばれた契約を厳かに思い起こすことになったでしょう。

ゲリジム山とエバル山についても、約束の地に入る直前にモーセを通して、指示が与えられていました。申命記一一章二九節です。

「あなたが入って行って所有しようとしている地に、あなたの神、**主**があなたを導き入れたら、あなたはゲリジム山の上には祝福を、エバル山の上にはのろいを置かなければならない。」

ヨシュア記では、具体的に「祝福とのろいについての律法のことば」は記されていませんが、申命記二八章に祝福とのろいの順で書かれています。その一～二節に、「もし、あなたが、あなたの神、**主**の御声に確かに聞き従い、私が今日あなたに命じる主のすべての命令を守り行うなら、あなたの神、**主**は、地のすべての国々の上にあなたを高く上げられる。あなたが、あなたの神、**主**の御声に聞き従うので、次のすべての祝福があなたに臨み、あなたについて行く」とあり、戦いについては、七節に、「**主**は、あなたに向かい立つ敵どもをあなたの前で敗走させる。彼らは一つの道からあなたを攻めて来るが、あなたの前で七つの道に逃げ去る」と告げられます。

一五節には、「しかし、もしあなたの神、**主**の御声に聞き従わず、私が今日あなたに命じる、主のすべての命令と掟を守り行わないなら、次のすべてののろいがあなたに臨み、あなたをとらえる」とあります。そして、戦いについても、二五節に、「**主**はあなたを敵の前で敗走させる。あなたは一つの道から攻めて行くが、敵の前で七つの道に逃げて行く。あなたのことは地上のすべての王国にとっておののきのもととなる」とあったのです。彼らは、まさにその祝福をエリコで、のろいをアイの初戦で味わっていたのでした。今、新たに、主の契約の箱を挟んで二手に分かれ、「律法のすべてのことばを、祝福とのろい」も読み上げられるのを聞きます。契約の民としての再出発の記念すべき行事となるものです。

神の御声に聞くかどうか。これがイスラエル人の歩み行く道、祝福の道だったからです。神の御守り抜きに戦えば、アイのような少数の敵を前にしてさえ右往左往の始末です。神が共に歩まれるなら、エリコのような強敵にも勝利です。なんとも極端なほどに簡単なのです。御声にとどまれば、祝福。御声からはずれ、勝手気ままになれば、悲惨な結果となります。主の御教えに聞く。みことばにアーメンとうなずいて歩み行く。それが神の民の生き方でした。戦いの中であろうと、平和の中に置かれようと同じことであると知るのです。まして、戦いとなれば、ほかに勝利への道はありません。主が共に立ち上がってくださるのは、御声に聞き従うときなのです。

私たちのカナン平定の戦いは続きます。戦っては、神のみことばを聞き、祝福にものろいにも「アーメン」と唱和して、主の御前にかしずき、それで次の戦いに備える。戦いの中だからこそ、静まって、みことばに聴く。ここに勝利あり、と主を見上げつつ、霊的なカナン平定の戦いに、武者震いを覚えていきたいと思います。

注

1　合計では、三万五千人の伏兵ということになるのでしょうか。三万を筆写時のミスであるとし、五千が元の数との見方もあります。

9　いのちの算段

〈ヨシュア九・一〜二七〉

エリコとアイの町を打ち破って、この二つの戦いでイスラエルの民は、カナンの地に一つの足場を確保しました。他方、カナンの住民たちにとっては、突然強敵が胸元に飛び込んで来たのですから、手をこまねいて見てはいられません。北から南へと合縦連合を企てました。一節、二節です。

「さて、ヨルダン川の西側の山地、シェフェラ、レバノンに至る大海の全沿岸のヒッタイト人、アモリ人、カナン人、ペリジ人、ヒビ人、エブス人の王たちはみな、これを聞くと、ともに集まり、一つになってヨシュアおよびイスラエルと戦おうとした。」

イスラエルの民がヨルダン川の底を歩いて渡って来たこと、エリコの一瞬にしての崩壊、そして、アイの全滅。これらの情報を得て、近隣の国々の外交官が東奔西走、正確には北奔南走といったところですが、軍事同盟の工作に動き出したのです。

ヒッタイト人、アモリ人、カナン人、ペリジ人、ヒビ人、エブス人は、縦に北から南への同盟となります。にわかに眼前に現れたイスラエル軍に対して、急ぎ手を結んで応戦態勢を整えようとしたのです。それまでは、小国乱立の状態であったであろうカナンの国々です。お互いににらみ合って、隙をうかがっていた者同士かもしれませんが、「豆腐ににがり」よろしく、急に固まって強攻に戦陣を張って来ると見えました。ところが、現実は意外なこともあるもので、この合縦連合軍のちょうど、へその位置にあたる中央高地の人々がこの計画に乗ってこなかったのです。

生き延びるためには、何が最善の策となるのかを、彼らなりに考え、決断しようとしたのでした。この同盟軍について共に戦って生き延びることができるのか、それともヨシュア軍に投降することになっても、それで生き延びるのか。どちらの道を選ぶか。どちらにくみして生き延びるか。自国の存続がかかった決断を迫られていたのです。

一方のヨシュアのほうは、カナンの住民とは、どの国とも盟約を結ばないことに決めていました。申命記七章一節、二節です。

「あなたが入って行って所有しようとしている地に、あなたの神、**主**があなたを導き入れるとき、主は、あなたよりも数多くまた強い七つの異邦の民、すなわち、ヒッタイト人、ギルガシ人、アモリ人、カナン人、ペリジ人、ヒビ人、およびエブス人をあなたの前から追い払われる。あなたの神、**主**が彼らをあなたに渡し、あなたがこれを討つとき、あなたは彼らを必ず聖絶しなければならない。彼らと何の契約も結んではならない。また、彼らにあわれみを示してはならない。」

イスラエルがこのような指示を受けていたことをカナンの住民が知っていたとは思いませんが、エリコとアイの全滅戦を聞き知ったことにより、和平条約の可能性がきわめて少ないことは承知したでしょう。となれば、いかにして戦いを回避して、このヨシュア軍の中にうまいこと収まれるかが生き残る道となるのです。

彼らは、とにかく、一か八かの一策にかけることにします。一日延ばせれば、一日生き延びるのですから、のるかそるかの策に出ます。これほどの扮装の出てくる箇所はほかにありません。三節から六節です。

「ギブオンの住民たちは、ヨシュアがエリコとアイに対して行ったことを聞くと、彼らもまた策略をめぐらし、変装をした。古びた袋と、古びて破れて継ぎ当てをしたぶどう酒の皮袋をろばに負わせ、繕った古い履き物を足にはき、古びた上着を身に着けた。彼らの食糧のパンはみな乾いて、ぼろぼろになっていた。彼らはギルガルの陣営のヨシュアのところに来て、彼とイスラエルの人々に言った。『私たちは遠い国から参りました。ですから今、私たちと盟約を結んでください。』」

「彼らもまた」とは、イスラエル軍がアイでは伏兵を置いて、まんまとアイの全軍を呼び出したこと、エリコでの奇妙な作戦のことを指しているのでしょう。彼らもまた、念には念を入れて、懸命な行動に出ます。そのギブオンからの使者に対して、「おそらく、あなたがたは、私たちのただ中に住んでいるのだろう。どうして私たちがあなたがたと盟約を結べるだろうか」（七節）と探りを入れます。

カナンの地に拠点を得たとはいえ、四方は敵です。勝利を手にしつつも、緊張を解くことはなかったでしょう。この人々を見て、まずは怪しんだに違いありません。その感は当たっていたのですが、彼らも必死です。「はい、そうです」と答えるわけにはいきません。もっとも、想定問答集ではありませんが、このような場面に対する答えも用意済みだったのでしょう。八節から一三節を見てください。

「彼らはヨシュアに言った。『私たちは、あなたのしもべです。』ヨシュアは彼らに言った。『あなたがたは何者か。どこから来たのか。』彼らは彼に言った。『しもべどもは、あなたの神、主の名のゆえにとても遠い国から参りました。主のうわさ、および主がエジプトで行われたすべてのこと、主がヨルダンの川向こうのアモリ人の二人の王、ヘシュボンの王シホン、およびアシュタロテにいたバシャンの王オグになさった、すべてのことを聞いたからです。私たちの長老や、私たちの国の住民はみな私たちに言いました。「旅のための食糧を手にして彼らに会いに出かけなさい。そして彼らに、『私たちは、あなたがたのしもべです。今、どうか私たちと盟約を結んでください』と言いなさい。」これが私たちのパンです。私たちがあなたがたのところに来ようと出た日、それぞれ自分の家で食糧として準備したときには、まだ温かかったのですが、今はご覧のとおり、干からびて、ぼろぼろになってしまいました。これがぶどう酒の皮袋です。私たちがこれらを満たしたときには新しかったのですが、ご覧のとおり破れてしまいました。これが私たちの上着と私たちの履き物です。とても長い旅のため古びてしまいました。』」まさに民族のいのちを賭けての演技です。「とても遠い国から参りました」と言います。だから、この近くでの出来事、つまりエリコやアイのことなどオクビにも出していません。知っていることは、ヨルダン川の向こう側での出来事のみとし、最近の出来事にはいっさい触れていません。エリコもアイの出来事も知らないほどに遠くから来たということで、隙を与えません。それに、乾いたパン、古びた着物、皮袋を見せられては、「論より証拠」に人間は弱いので、決まりです。古びた履き物から、用意したものすべてが説得力をもったのです。

作戦は功を奏します。一四節、一五節です。

「そこで人々は彼らの食糧の一部を受け取った。しかし、主の指示を求めなかった。ヨシュアは彼らと和を講じ、彼らを生かしておく盟約を結んだ。会衆の上に立つ族長たちは彼らに誓った。」

「食糧の一部を受け取った」のは、確かめるつもりだったのかもしれませんが、相手のものを食べることは友愛のしるしとなります。ギブオン人にとっては、「しめた」という一瞬です。それから三日目、イスラエル人のほうが「しまった」ということになるのです。「してやった」というギブオン人たち、彼らの演技は疑いを抱かせず、主にうかがいを立てるのさえ省かせるほどの名演技だったのでしょう。それだけ懸命だったのです。しかし、誓いは誓いです。そして、事の真相がわかります。

「イスラエルの子らは彼らを討たなかった。会衆の上に立つ族長たちがイスラエルの神、**主**にかけて彼らに誓ったからである。しかし、全会衆は族長たちに向かって不平を言った」（一八節）。

これに対して族長たちは会衆に言います。「『私たちはイスラエルの神、**主**にかけて彼らに誓った。だから今、私たちは彼らに触れることはできない。私たちは彼らにこうしよう。彼らを生かしておこう。そうすれば、私たちが彼らに誓った誓いのために、御怒りが私たちの上に下ることはないだろう。』族長たちは全会衆に言った。『彼らを生かしておこう。』彼らは全会衆のために薪を割る者、水を汲む者となった。族長たちが彼らについて言ったとおりである」（一九〜二一節）。見事な決済です。この決定をヨシュアはギブオン人たちに宣言します。

「ヨシュアは彼らを呼び寄せて、彼らに言った。『あなたがたは私たちのただ中に住んでいながら、なぜ、「私たちは、あなたがたからとても遠いところの者です」と言って私たちを欺いたのか。今、あなたがたはのろわれる。あなたがたの中から、奴隷たち、私の神の家のために薪を割る者と水を汲む者が絶えることはない』」（二二〜二三節）。この温情ある決定に、彼らは答えて言った、と二四〜二五節にあります。

「しもべどもは、はっきり知らされました。あなたの神、主がこの全土をあなたがたに与え、その地の全住民をあなたがたの前から根絶やしにするように、しもべモーセにお命じになったことを。それで私たちは、自分のいのちのことであなたがたを非常に恐れ、このようなことをしたのです。ご覧ください。今、私たちはあなたの手の中にあります。あなたのお気に召すように、お目にかなうように私たちを扱ってください。」「今、あなたがたはのろわれる。あなたがたの中から、奴隷たち……が絶えることはない」とのヨシュアのことばは、いささか厳しいものです。それでも、「生かす」との約束に、温かみも感じられるものがあったはずです。ギブオン人たちは、その「生きる」ことに懸命だったことを正直に述べたのです。「彼らと何の契約も結んではならない。また、彼らにあわれみを示してはならない」と命じられ、聖絶するはずの相手なのに、主は、ギブオン人たちを生かしておいたヨシュアと族長たちをお責めになりませんでした。「全会衆は族長たちに向かって不平を言った」と一八節が語るように、人々は、神が命じたことへの不服従が神の怒りを買うことを恐れたのでしょう。聖絶すべきカナン人と盟約を結んでしまった指導者の落度を責めたのです。

　アカン事件の後だけに、民の恐れも理解できます。しかし、エリコではラハブ一家が聖絶を逃れていました。イスラエルとともにいる神を恐れ、いのちがけで斥候を匿《かくま》い逃したからでした。ギブオン人たちも、自らのいのちが失われるのを恐れたのですが、その恐れはイスラエルの神に対する恐れでした。

「しもべどもは、あなたの神、主の名のゆえにとても遠い国から参りました。主のうわさ、および主がエジプトで行われたすべてのこと、主がヨルダンの川向こうのアモリ人の二人の王、ヘシュボンの王シホン、およびアシュタロテにいたバシャンの王オグになさった、すべてのことを聞いたからです」（九〜一〇節）。

この釈明の中に、「あなたの神、主の名」、「主のうわさ」、「主がエジプトで行われたすべてのこと」、「シホン、およびオグになさった、すべてのこと」を聞いたと語るとおりです。恐れたのは、目の前のヨシュアの名でも、さらに偉大なモーセの名でもなく、イスラエルの神の名なのです。彼らが行動を起こしたのは、イスラエルの主への恐れからという点ではラハブと同じです。それゆえ、主は彼らの策謀を責めることをなさらなかったのではないかと思います。

「ヨシュアは彼らが言うようにし、彼らをイスラエルの子らの手から救った。それで彼らは殺されなかった」（二六節）。

この処置は、「誓ったことは守るべし」という主の命令に従うことでもあり、また主を恐れる者をあわれまれる主の御心にかなったことであったと思われます。

「ヨシュアはその日、彼らを会衆のため、また主の祭壇のため、主が選ばれる場所で薪を割る者と水を汲む者とし、今日に至っている」（二七節）。

こうしてヨシュアはすべてを収めたのです。

ところで、「のろい」としてギブオン人に課せられた「薪割り、水汲み」は、奴隷の中でも身分の低い奴隷の仕事とされるものです。けれども、彼らにとっては恵みともなるものではありませんか。イスラエルの会衆のためだけでなく、主の祭壇のためでもあり、神の宮のために働く者とされたのですから。

ギブオン人たちはなんとかして自分たちのいのちを保とうと懸命でした。その彼らが神の宮に仕えるという特別な恵みにあずかる者とされていたのです。奴隷とされる覚悟はしていたでしょうが、これは思いがけない結末だったに違いありません。ギブオン人にとっては、自分たちのいのち、今日のいのちさえ保てれば、という思いで飛び込んで行ったヨシュア軍でしたが、飛び込んだのはイスラエルの神のふところだったということでしょう。それで、御前に仕える者とされたのです。

しかも、イスラエルの神の名を畏れることを知っていたギブオン人たちです。「薪割り、水汲み」の重労働も、一般の家に仕えることとは別に、「主の祭壇のため」との重大さをわきまえて、これに携わる者となったことでしょう。大きな恵みです。いのちを得ただけでなく、祭司たち、レビ人たちとともに、神の家に仕えるという特権をも与えられたのですから。

私たちが信仰に導かれたのも、振り返ってみれば、実につまらないとも言えてしまうような利己的な動機からだったのではないでしょうか。もちろん、自分としてはどこまでも真剣で、悩み苦しみの中に置かれていたことも事実ですが、「神の御栄えのために、この私をささげます」などと、勇ましく信仰に入ってきた方がおられるでしょうか。あとでは、そう思うようになってきたとしても、最初は、自分の痛み、心の苦しみ、悩みといったことが求道の動機だったのではないでしょうか。

とにかく、「生きる希望を！」と言う者に、主は永遠のいのちまで与えてくださっています。「この自分を救ってほしい」と求めて来た者を、救い上げただけでなく、神の子どもとされ、神の手足となって御旨に生きるように、とまで引き上げてくださっています。とにかく死の向こう側に待ち受けている地獄とやらに堕ちないようにとの動機から始まった信仰も、いつしかキリスト・イエスの御名のためにはわがいのちも、というまでに、不純物を取り除かれて、聖められていく。当初の求道の動機は低く、利己的で、みっともないものでさえあったとしても、それが思いもよらないところにまで引き上げられ、キリストのしもべとして生かされている。この不思議なお取り扱いに驚かされます。

様々な動機で始まる信仰の第一歩です。それでも、神の導きは確かです。神ご自身の御思いの高さにまで私たちを上らせてくださいます。「栄光は主に」という生き方にまで、ちゃんと導いてくださいます。主のために、主が贖ってくださった兄弟姉妹のためにも、それとともに隣人のために生きるとの恵みの歩みをも備えてくださるのです。

それに、もう一つ。ギブオン人の熱心に、その懸命さにも学ぶことがありましょう。肉のいのちではなく、霊のいのちのために、私たちはどれほど懸命に努力しているのか、という反省です。今日生きる戦いがあります。それよりも、私たちのたましいは大切なものです。とすれば、さらに一生懸命でなければならないでしょう。

自分の地上のいのちのためには様々な努力をするとすれば、自分の永遠のいのちに関しては、無為無策であってよいものでしょうか。知恵を絞って明日にいのちをつないだギブオン人たちの努力をありとするならば、私たちが、永遠のいのちのために策を練り、計算し、計画を立てる、という努力もありです。具体的には、礼拝を守るために知恵を絞り、みことばを日ごとに受けるために時を定め、聖別する、といった取り組みの熱心さ、懸命さです。このような努力を永遠のいのちにつなげたいと願わされます。信仰をもっと確かなものとするため、たましいの養いのために知恵を、工夫を、実行する力を主に求めて、励みたいのです。

10　南部平定の戦い

〈ヨシュア一〇・一〜四三〉

ヨシュア記一〇章は、カナンの中央部に位置するギブオン人がイスラエルについたために北と南に分断された約束の地の南部平定となります。南部同盟軍を打ち破り、続く一一章では、北部平定となります。

その戦いぶりも、いつものごとく、「みことばに聞く」との信仰の姿勢が鮮やかですし、ラハブやギブオン人のように、和解し、味方する者は救われ、敵対するものは滅びていくとの戦いの厳しさも同じです。その敵対する者が結託して神の民を攻めるというのも、おきまりのパターンとなります。

「エルサレムの王アドニ・ツェデクは、ヨシュアがアイを攻め取って、それを聖絶し、エリコとその王にしたようにアイとその王にもしたこと、またギブオンの住民がイスラエルと和を講じて、彼らのただ中にいることを聞いた。彼とその民は非常に恐れた。ギブオンが王国の都の一つのように大きな町であり、またアイよりも大きく、そこの人々がみな勇士だったからである。エルサレムの王アドニ・ツェデクはヘブロンの王ホハム、ヤルムテの王ピルアム、ラキシュの王ヤフィア、エグロンの王デビルに人を遣わして言った。『私のところに上って来て、私を助けてください。ギブオンを討ちましょう。ギブオンがヨシュア、およびイスラエルの子らと和を講じたからです。』それでアモリ人の五人の王、すなわち、エルサレムの王、ヘブロンの王、ヤルムテの王、ラキシュの王、エグロンの王、彼らとその全陣営は集結し、上って行ってギブオンに向かって陣を敷き、戦いを挑んだ」(一～五節)。

ヨシュア軍についたギブオン人に向かって、「裏切り者め、成敗してくれよう」というところでしょう。本当でしたら、ヨシュア軍の真ん前にいるギブオン人たちが、まずヨシュア軍と戦いを交えると思っていたのに、それが和を講じたとなったのですから、驚きであり、全くの計算違いとなる出来事です。都の一つのように大きな町で、そこの人々はみな勇士となれば、味方であれば心強いものの、期待に反してこれが敵についたのです。

この事態に一番戸惑ったのはエルサレムの王です。一夜明けると、北にはギブオン、東にはヨシュア軍となっていたのですから、一大事です。そこで、エルサレムの王アドニ・ツェデクは、さしずめ「早馬を送り」というところでしょう、南に三十キロのヘブロンに、南西に二十六キロのヤルムテに、さらに南西に十九キロのラキシュに、さらにラキシュから西に十一キロのエグロンへと使いを送るのです。今、エルサレムから南西に、南西にと流れが地図の上では描けたと思いますが、矢面に立っているのはエルサレムです。これが突破されるとなると、あとに続く、ヘブロン、ヤルムテ、ラキシュ、エグロンも危うしとなるのは必定です。となれば、「エルサレムの運命は、あなたがた四つの王国の運命でもあるのです」と使いの者の必死のことばが想像できます。

そこで、南部同盟軍が攻めるのは、まず目障りとなったギブオンからとなります。これに脅しをかけ、あわよくば、再び寝返らせる。それがかなわぬなら、真っ先に裏切り者を成敗しようと、ギブオンに攻め上ったのです。それにしても、縦の鎖が中央で切られ、北と南が分断されたわけで、このギブオン人の和議は戦局にとって重大な、いや決定的なものでした。

関ヶ原の戦いを決めたのは、西軍につくか東軍につくか、機をうかがっていた小早川秀秋の動きでした。彼が東軍について、西軍は大崩れとなりました。

そんな要所を締めながら、ヨシュア軍についたギブオン人が攻撃にさらされる。そこで、今度はギブオン人がヨシュア軍に救援を求めての使者を送る番となります。

「ギブオンの人々はヨシュアのところ、ギルガルの陣営に人を遣わして言った。『しもべどもから手を引かないで、急いで私たちのところに上って来て、私たちを救い、助けてください。山地に住むアモリ人の王たちがみな、私たちに向かって集まっているのです』」（六節）。

南部同盟軍の宣戦布告によって戦機が熟します。和を結んだ者は守らねばならないと、「ヨシュアはすべての戦う民たちとすべての勇士たちとともに、ギルガルから上って行」きます（七節）。ギブオン人に欺かれてではあっても、一度結んだ和議は有効です。今や、身内の者となったギブオン人のためにいのちを張って戦いに赴きます。ヨシュアの将軍としての公平さ、采配の見事さです。恨みがましさは一つもありません。そのヨシュアに、神のことばが臨みます。

「彼らを恐れてはならない。わたしが彼らをあなたの手に渡したからだ。あなたの前に立ちはだかる者は彼らの中に一人としていない」（八節）。

ヨシュア軍は、先には三日ほどを要した道のりを一夜にして進軍、急襲をかけます。これに、さらに神からの援助がありました。雹の石です。

「**主**は彼らをイスラエルの前でかき乱された。イスラエルはギブオンで彼らを激しく討ち、ベテ・ホロンの上り坂を通って彼らを追い、アゼカとマケダに至るまで彼らを討った。彼らがイスラエルの前から逃げて、ベテ・ホロンの下り坂にいたとき、**主**が天から彼らの上に、大きな石をアゼカに至るまで降らせられたので、彼らは死んだ。イスラエルの子らが剣で殺した者よりも、雹の石で死んだ者のほうが多かった」（一〇～一一節）。自然の災害を通しての主の援助が、彼ら連合軍の敗北を決定的にしたのでした。そして、主の助けを得ての戦いの最中に、有名な祈りがささげられます。

「主がアモリ人をイスラエルの子らに渡されたその日、ヨシュアは主に語り、イスラエルの見ている前で言った。

『太陽よ、ギブオンの上で動くな。

月よ、アヤロンの谷で。』

民がその敵に復讐するまで

太陽は動かず、月はとどまった。

これは『ヤシャルの書』に確かに記されている。太陽は天の中間にとどまって、まる一日ほど、急いで沈むことはなかった」(一二～一三節)。

「ヤシャルの書」つまり「正義の書」とは、戦いの歌か、英雄を称える歌でしょう。そこに記されたヨシュアの祈りです。「太陽よ、月よ」と命ずるにも、宇宙に向かっての命令です。「菜の花や　月は東に　日は西に」というのは蕪村の詩ですが、満月はちょうど「日が西に沈む」頃合いに昇ってきます。しかし、それをヨシュアは、天の中間にとどまれ、動くな、と祈るのです。一三節にあるように、戦いの日を二倍にも伸ばして用いさせてくださいとの祈りです。

こういった戦闘心に欠けた自分を恥ずかしく思います。命のやりとりの日はできるだけ短くと願うのが私たちです。それゆえ、こんなヨシュアの「ますらおぶり」に驚かされます。戦いのために、今日の日を二倍に、とのヨシュア。この自分ときたら、快楽のためにはは日を二倍にと願う。苦しむと、もう地上はたくさんです、早く天国にと願う。「早く地上を去って、天国に」などと言うと、信仰的と聞こえます。しかし、このヨシュアの勢いに、そんなへなへな腰は吹っ飛ばされてしまいます。

ところで、月や太陽がとどまった、と聞くと、途端にヨシュアもギブオンも何もかも神話かおとぎ話の中のことと見えてきて、呆れ返るお方もおられるでしょう。そして聖書学者の中にも、頭を抱えて、どう説明しようかと考え込む人もいます。それで、これは日が延びたのではなく、一日で二日分の勝利を得て引き上げたことを詩的に表現したのだ、と見る者がいる一方で、これは、彗星がとどまったのだという意見（ペルコフスキー）もあるという具合です。

でも、文字どおり、このとおりのことが起こったのだ、と受け取れないでしょうか。だれが起こりえないと言えるでしょうか。少なくとも、天と地をお造りになるお方を知っている者なら、私たちが時計の針の動きを指先でちょっとのあいだ止めておくことができるように、このお方が太陽を、月を、止めることがおできになると信じます。天体がゆっくりと動いて時間を与えてくれた、との解釈もありますが、小さいとはいえ、この地球の自転に干渉することは大変なことです。しかし、キリストの復活もこの出来事も、神が自然の秩序を容易に超えて事をなさるという点では同じでありましょう。*1

とにもかくにもヨシュア軍は、戦う時間を十分に得て、この機を逃さずに、揺るぐことのない勝利を収めて、ギルガルの陣営に引き上げます。その戦いの様子が一六節以下に細かく記されています。

「これらの五人の王たちは逃げ、マケダの洞穴に隠れた。すると、マケダの洞穴に隠れている五人の王たちが見つかったという知らせがヨシュアに入った。ヨシュアは言った。『洞穴の口に大きな石を転がし、そのそばに人を置いて彼らを見張りなさい。』」こういった指示を与え、戦いが続けられ、結着がつくと、「洞穴の口を開き、あの五人の王たちを、その洞穴から私のもとに引き出して来なさい」(二二節)と命じ、「ヨシュアは王たちを討って殺し、五本の木にかけ、夕方まで木にかけておいた」(二六節)のです。

「日の入るころになって、ヨシュアは命じて彼らを木から降ろし、彼らが隠れていた洞穴の中に投げ込んだ。その洞穴の口には大きな石が置かれ、今日に至っている」(二七節)。

「マケダの洞穴」は、ここぞと、頼りにしたところが自分の墓穴となったという皮肉です。しかし、他人事のように皮肉と言って笑ってはいられないでしょう。ここぞと頼りにしているもの、マケダの洞穴が身近にないでしょうか。ある人には、財産がマケダの洞穴となる。それが足を絡め取り、逃れさせぬ墓穴となってゆく。神ならぬものに望みを置く者はみな、マケダの洞穴に身を隠しているようなものです。神のさばきの日には、そこが墓穴となります。用心しなさい、との教訓となりましょう。

　こうして、二九〜三〇節です。

「ヨシュアは全イスラエルとともにマケダからリブナに進み、リブナと戦った。**主**は、この町もその王もイスラエルの手に渡された。それで彼は、その町とそこにいたすべての者を剣の刃で討ち、そこに一人も残さなかった。彼はエリコの王にしたようにその王にした。」

　あとの戦いは相手こそ違え、剣の刃で打ち、「一人も残さなかった」と、全軍を率いて、戦いにあたるヨシュアの前に次々と敗走。そして絶滅となります。全軍は、リブナから南に下り、ラキシュに向かって陣を敷き（三一節）、援軍として上って来たゲゼルの王ホラムの軍も絶滅。さらに、西へ進軍。エグロンを制覇し、東に向きを変え、ヘブロンを攻め落とし、さらに南西に下り、デビルを聖絶。

「ヨシュアはその全地、すなわち、山地、ネゲブ、シェフェラ、傾斜地、そのすべての王たちを討ち、一人も残さなかった。息のある者はみな聖絶した。イスラエルの神、**主**が命じられたとおりであった」（四〇節）。

　さらに、四一節にある幾つかの町を攻め落とし、全イスラエルは、ギルガルの陣営に引き上げます。南部平定完了。続く一一章は、北部平定の話となります。

　戦い終えて、ギルガルに戻るヨシュア軍です。ギルガルには、イスラエル人たちがヨルダン川を渡ったことを記念して十二の石から成る塔が立てられていました。そこに戻って行くヨシュア軍。この勝利もまた、「イスラエルの神、**主**がイスラエルのために戦われたからである」(四二節)とあるように、神のみわざのゆえの勝利と再確認したことでしょう。「太陽よ、ギブオンの上で動くな。月よ、アヤロンの谷で」というヨシュアの祈りに、地球の自転に干渉してまで答えられる主。このお方による勝利であったことを、十二の石の前で礼拝し、感謝し、主をほめたたえたことでしょう。

五人の王たちは、自ら戦いを挑み、墓穴を掘り、滅びゆく。もう一方で、ギルガルの本営に上がる神への感謝の賛歌。対照的です。「息のある者はみな聖絶した」(四〇節)と記されたとおり、一人も生きたまま残されない凄絶な古代の戦いでした。敵となるか、味方となるか、で決まっていく運命です。しかも、「救いを得る者」がわずかです。多くの者は「滅び」に、つまり「聖絶」のものとされていったのです。子ども、乳飲み子までが聖絶のものとされたのでしょう。この残虐さに、聖書の記事とはいえ、拒絶反応を禁じえない人もおられることでしょう。しかしこの出来事には、神のさばきという側面があることを忘れてはなりません。聖書を丁寧に読んできたら、すでに気づいているはずです。創世記一五章一六節に、「そして、四代目の者たちがここに帰って来る。それは、アモリ人の咎が、その時までに満ちることがないからである」とありました。このさばきの現実はレビ記一八章二四～二五節に、こう記されています。

「あなたがたは、これらの何によっても身を汚してはならない。わたしがあなたがたの前から追い出そうとしている異邦の民は、これらのすべてのことによって汚れていて、その地も汚れている。それで、わたしはその地をその咎のゆえに罰し、その地はそこに住む者を吐き出す。」

カナンの住民の風習に習ってはならない、と警告するのです。かつてノアの時代には、神はその忌み嫌うべき咎のゆえに、地上のすべての民を滅ぼされました。今、カナンの地の住民たちということでは、はるかに小規模のさばきではありますが、その咎が満ちたゆえに、アモリ人たちを除き去るということです。カナンの地の住民たちが聖絶されたことに神のさばきを見る視点は、この出来事を正しく理解するために必要です。そこに神の民としてのイスラエルが住みますが、彼らとて吐き出されることはあり得るのです。

先ほどのレビ記からの引用の続き、一八章二六〜二八節でこう警告されます。

「あなたがたは、わたしの掟とわたしの定めを守らなければならない。この国に生まれた者も、あなたがたの間に寄留している者も、これらの忌み嫌うべきことを一つも行わないようにするためである。それは、あなたがたより前にいたその地の人々が、これらすべての忌み嫌うべきことを行い、その地が汚れたからであり、あなたがたがその地を汚し、その地が、あなたがたより前にいた異邦の民を吐き出したように、あなたがたを吐き出すことのないようにするためである。」

これは、私たちの信仰の歩みに様々な光を投げかけてくれます。ヨシュア軍に、和を講じたギブオン人たちが完全に守られる。一方、敵は一人残らず、いのちを失う。これが戦いです。そして、これがそのまま、キリストにつくか、敵対するかに通じていきます。キリストの守りの中にいるか、それとも、神に敵対し、滅びをわが身に招くか。このヨシュアの戦いにまさって、神の陣営は黒白がはっきり出るのです。神の側につくか。キリストの十字架を拒み続けるか。神の和解の道としての十字架による罪の赦しを受け入れて、神の陣営に入って生きるか。これを拒み続け、神が差し伸べた和解を拒否して敵となり続けて、やがて主イエスの審判の座の前に出て行くか。どちらかなのです。

キリストにある者に守りあり。キリストを拒む者に滅びあり。この戦いどおり、容赦なしなのです。それに、もう一つ、ギブオンのように、十字架によって和を講じ、神の側についた私たちにとって、神の力を思い、主を恐れることを確認して打って出るギルガルの本営とはどこでしょうか。戦っては戻って行く場所はどこか。教会こそが、われらのギルガルの本営です。世に打って出て、戦っては戻る。その凱旋の地として、今週もまた、神の前にこのようにしてかしずくことを得て、教会から打って出たいと思います。

注

1　鍋谷堯爾氏は、天体がゆっくりと動いて時間を与えてくれた、と解釈。太陽の停止ではない、とします。自転速度の鈍化であれ、停止であれ、神の全能の御業とみなす点では同じです。

11　北部平定の戦い

〈ヨシュア一一・一〜二三〉

主よりの約束は一度。しかし、私たちの戦いは長くいのちがけです。主は、モーセの後を継いで立ったヨシュアに、「わたしがモーセに約束したとおり、あなたがたが足の裏で踏む場所はことごとく、すでにあなたがたに与えている」（一・三）と約束を思い起こさせ、その成就を宣言されました。今、約束の地の南半分が征服され、約束は半分だけ成就したところです。それも戦い抜いてです。「あなたがたが足の裏で踏む場所を与える」という約束は、文字どおり自分の足で踏み行く場所を戦い取ってゆくものでした。うかうかしていると、ぼやぼやしていると、足もとをさらわれて敗北し、戦い取ったものまで失いかねないヨシュア軍です。戦いは終わるまで気が抜けないものです。

信仰の歩みも同じであると言えましょう。「絶えず祈りなさい」、「神のすべての武具を身に着けなさい」と励まされての戦いは、一戦終わればまた一戦となるものです。戦いに継ぐ戦いが地上の生涯です。地上の教会が「戦闘の教会」と呼ばれる所以《ゆえん》です。戦い抜いて、御国に凱旋できる。戦い抜いて、永遠の安息を得る。戦い抜いて、御国での勝利の教会に加わるのです。

さて、ヨシュア軍が南部連合軍を打ち破ったという知らせが、北部諸国のリーダー格、ハツォルの王ヤビンのもとに届きます。手をこまねいて静観してはいられません。こちらも動きを速めます。

「ハツォルの王ヤビンはこのことを聞いて、マドンの王ヨバブ、シムロンの王、アクシャフの王、また、北方の山地、キネレテの南のアラバ、シェフェラ、西方のドルの高地の王たち、すなわち、東西のカナン人、アモリ人、ヒッタイト人、ペリジ人、山地のエブス人、ヘルモンのふもと、ミツパの地のヒビ人に人を遣わした。彼らはその全陣営とともに出て来た。海辺の砂のように大勢の兵で、馬や戦車も非常に多かった。これらの王たちはみな集まり、進んで行き、イスラエルと戦うためにメロムの水のほとりでともに陣を敷いた」（一一・一～五）。

ハツォルが「これらすべての王国の盟主だった」と一〇節にあります。それで、ハツォルの王ヤビンが[*1]、北部諸国の同盟軍を結集させる役目を買って出たのでしょう。ハツォルという町の名は、ユーフラテス中流域のマリというアモリ人の町で発見された紀元前十八世紀の文書「マリ碑文」に、唯一この地方の都市として出てきます。イスラエルの世界遺産に登録されていますから、ネットでもすぐに調べられます。

それはさておき、ここに挙げられている王や軍勢は、今のガリラヤ湖周辺の者たちです。しかも、馬や戦車までもっていました。紀元前一五〇〇年ごろから、戦場での主役が戦車部隊となったようですから、それからわずかに時代を下ったヨシュア記の時代は、戦車を御しての戦い方が主流だったようです。それで、この地方の小さな国の王たちもこの近代兵器を装備していたのです。一七章一六節で、ヨセフ族が「鉄の戦車」とは戦えないと弱音を吐いていますが、さもありなん、です。

数の点でも、これは脅威です。「海辺の砂のように」メロムの水のほとりに結集した大軍勢との戦いとなります。歴史家のヨセフスは、たぶんに数字に誇張が感じられますが、歩兵三十万、騎馬兵一万、戦車二万が結集したと記しています。ただし、騎馬兵一万と言っていますが、騎馬兵が登場するのはずっと後のことです。とにかく、雲霞のような大群との戦いを前にして、主はヨシュアを励まされます。

「**主**はヨシュアに告げられた。『彼らを恐れてはならない。明日の今ごろ、わたしは彼らをことごとく、イスラエルの前で刺し殺された者とするからだ。あなたは彼らの馬の足の筋を切り、彼らの戦車を火で焼け』」(六節)。

ヨシュアは今回も、「恐れてはならない」と言われています。そうなのです。確かに、恐れるばかりの強敵を相手にしているのですから。けれども、戦の勝敗はすでに決まっているのです。「勝利」の約束があります。ですから、敵の数の多さに恐れてはならない、との励ましです。勝利の約束の下に確信を新たにされて出陣となるヨシュアです。私たちの戦いも同じです。主イエスが「(あなたがたは)世にあっては苦難があります。しかし、勇気を出しなさい。わたしはすでに世に勝ちました」(ヨハネ一六・三三)と勝利を宣言し、ご自分のもとに身を寄せた私たちの戦いも「勝利のみあり」という確信を得て、勇気を出しなさい、と励ましてくださいます。

ヨシュアに対する激励の中に、「明日の今ごろ」とありますから、メロムの水のあたりまでは、一日路。そこまでお互いの距離を縮めていたのです。先の戦いでは、南部軍が先に戦いを仕掛けましたが、今回はヨシュア軍の先制攻撃で戦いが始まります。

「ヨシュアはすべての戦う民とともに、メロムの水のほとりにいる彼らを急襲した。**主**は彼らをイスラエルの手に渡された。イスラエルは彼らを討ち、大シドンおよびミスレフォト・マイムまで、東の方ではミツパの谷まで彼らを追い、一人も残さず討った。ヨシュアは**主**が告げられたとおりに彼らにした。彼らの馬の足の筋を切り、彼らの戦車を火で焼いた」(七～九節)。

戦場となったのは、今日のメイローンとされていますが、ガリラヤの北西十五キロほどに位置する起伏の多い山地です。しかも、「水」のほとりとなると、地の利はヨシュア軍にあり、となるでしょう。戦車は、平原でこそ威力を発揮します。山地に、水のほとり、となると、そうはいきません。これに加えて、ヨシュア軍の急襲。これで趨勢は決まりでした。

凄まじい追撃戦を展開して、北西に地中海沿岸まで、大シドンにまで進軍し、東にはミツパと一挙に攻め抜いて、「一人も残さず討った」のです。戦いは勝利で終わる。約束どおりでした。それも、地の利、作戦で勝利したのではないことは、八節にしっかりと書き留められています。「主は彼らをイスラエルの手に渡された」と。主なる神が事を運ばれての勝利でした。主が共に戦ってくださらなければ、あのアイでの戦いのように、小さな町一つ攻め取れない、とは苦い教訓でした。主の戦いのゆえに、この勝ち戦だったのです。約束の真実さを確認するように勝利を味わっていたことでしょう。

戦車を焼き、馬の足の筋を切り、引き返しては、ハツォルを攻め落とし、王を剣にかけ、城を火で焼き、北部平定です。不落の要塞ハツォルから立ち上る煙こそ、勝利を告げるのろしでした。ハツォルが落ちたとなれば、他の小さな町や要塞の運命はきまりです。

「ヨシュアは、これらの王たちのすべての町を攻め取り、そのすべての王たちを剣の刃で討ち、聖絶した。主のしもベモーセが命じたとおりであった。イスラエルは、丘の上に立っている町々はどれも焼かなかった。ただし、ヨシュアは例外としてハツォルだけは焼いた。これらの町々のすべての分捕り物と家畜を、イスラエルの子らは戦利品として自分たちのものとした。人間だけはみな剣の刃で討ち、根絶やしにした。息のある者は一人も残さなかった。主がそのしもベモーセに命じられたとおりに、モーセはヨシュアに命じ、ヨシュアはそのとおりに行った。**主**がモーセに命じられたすべてのことばを、彼は一言も省かなかった」（一二〜一五節）。

火で焼かれたのはハツォルの町のみです！　この町の上区は高台になっていて、神殿が建ち並び、偶像礼拝が盛んであったゆえでしょう。他の町々は、イスラエルが住むために焼かれずに残されました。申命記六章一〇〜一一節にある、「……あなたが建てたのではない、大きくてすばらしい町々、あなたが満たしたのではない、あらゆる良い物で満ちた家々、あなたが掘ったのではない掘り井戸……」などを手に入れたのです。主のお約束の実現でした。

戦利品は別として、人間は一人も生きて残されない、古代の戦いの凄まじさをここにも見ます。万が一にも立場が逆であったら、ヨシュア軍が一人も生きて残る者なしとなるのでした。しかし、この結果がただの古代の戦いだからというのでなく、「主がモーセに命じられたとおり」と、主から出たことでした。一九〜二〇節でも、繰り返し確かめています。

「ギブオンの住民であるヒビ人以外に、イスラエルの子らと和を講じた町は一つもなかった。イスラエルの子らは戦って、すべてを奪い取った。彼らの心を頑なにし、イスラエルに立ち向かって戦わせたのは、**主**から出たことであった。それは、彼らを容赦なく聖絶するため、**主**がモーセに命じられたとおりに彼らを根絶やしにするためであった。」
すべてが主なる神から出たことであることを確認しています。それが「聖絶せよ」という命令でした。私たちの目には非情な仕打ちと映ります。それは、聖なる神の存在を忘れ、人間だけを見ているからなのでしょう。この「聖絶」[*2]という言い方は、よく考えられた「訳語」です。元のヘブル語に「聖」ということばが付いているわけではありません。単に「滅ぼす」という意味のことばです。しかし、それが神から出たことであり、他の戦いと異なることを覚えさせるためには、「聖絶」はわかりやすい訳語です。申命記二〇章一六～一七節に、このカナンの住民を一掃せよ、とのモーセに対する命令が記されています。そして、その理由が次の一八節に述べられています。

「それは、彼らが、その神々に行っていたすべての忌み嫌うべきことをするようにあなたがたに教え、あなたがたが、あなたがたの神、**主**の前に罪ある者とならないようにするためである。」

「聖絶」の場面に、そこまでしなくても、と戸惑いを覚えるとしたら、神の民が犯す偶像礼拝がいかに忌み嫌うべき罪であるかをわきまえていないことになるでしょう。

偶像礼拝というなら、私たちのこの国のありようはヨシュアの時代のカナン同様に、「この国の住民を一掃せよ」という主の命令が下っても不思議ないものと思いませんか。私たちときたら、偶像礼拝がどれほど主の忌み嫌われるものかを知らずにいました。戦前、戦中の天皇を現人神または現つ御神《アキツミカミ》と仰いで礼拝することを避け得なかったキリスト教会もまた、忌み嫌うべきことをなして、主に対して罪を犯していたのです。*3

「聖絶せよ」というモーセへの主の命令、たった今ヨシュアが実行した命令は、主がご自分の民を聖く守るためという御心の現れでした。蔑ろにできないものです。主の民として生きるために、と主が配慮されての命令でした。これに忠実に従い通したヨシュアです。

これで戦いはほとんど終わり、あとは小さな局地戦を残すだけとなります。一六節以降は、南部、北部、共に振り返ってのものです。

「ヨシュアはこの全地、すなわち、山地、ネゲブの全地域、ゴシェンの全土、シェフェラ、アラバ、イスラエルの山地とそのシェフェラを奪い取った。彼は、セイルへ上って行くハラク山から、ヘルモン山のふもとの、レバノンの谷にあるバアル・ガドまでを攻め取った。その王たちをことごとく捕らえ、彼らを討って殺した。長い間にわたってヨシュアはこれらすべての王たちと戦った」（一六～一八節）。

最後のところに記されるように、およそ全土平定には七年ほどかかっているのです。*4ヨシュアにとって大役であったことでしょう。主のみことばに励まされ続けての戦いの日々。それを終えて、務めを果たしたヨシュアの胸の内はどんな思いに満たされていたことでしょう。

この一一章には、ヨシュアの戦いを締めくくるかのように、二一節、二二節でアナク人との戦いが記されています。

「そのときヨシュアは行って、アナク人を山地、ヘブロン、デビル、アナブ、ユダのすべての山地、イスラエルのすべての山地から断った。その町々とともにヨシュアは彼らを聖絶した。こうしてアナク人は、イスラエルの子らの地には残らなかった。ただガザ、ガテ、アシュドデに残るのみとなった。」

アナク人を覚えているでしょうか。なぜことさらに話題となっているのか。その訳《わけ》は何でしょうか。

出エジプトの際に、約束の地カナンを偵察して来た十二人のうちヨシュアとカレブ以外の十名の者たちは、次のように報告しました。民数記一三章二八節と三二～三三節です。

「『ただ、その地に住む民は力が強く、その町々は城壁があって非常に大きく、そのうえ、そこでアナクの子孫を見ました。』……『私たちが行き巡って偵察した地は、そこに住む者を食い尽くす地で、そこで見た民はみな、背の高い者たちだ。私たちは、そこでネフィリムを、ネフィリムの末裔アナク人を見た。私たちの目には自分たちがバッタのように見えたし、彼らの目にもそう見えただろう。』」

このアナク人の町々が、今やヨシュアの手に落ちました。「アナク人はイスラエルの子らの地には残らなかった」のです。聖絶されました。あの日、ヨシュアとカレブが声を大にして「私たちはぜひとも上って行って、そこを占領しましょう。必ず打ち勝つことができます」と主の約束を信じて、人々を励ましたのに、民は恐れ、拒絶しました。今となって、ヨシュア自らが、アナク人との戦いに勝利を収める。勝利して、なお確かめたことでしょう。「カナンの地を与える」との主の約束の確かさを。相手がエリコの城壁であろうと、巨人アナク人であろうと、戦われるのはイスラエルの神、主でした。最後の二三節です。

「ヨシュアはすべて**主**がモーセに告げられたとおりに、その地をことごとく奪い取った。ヨシュアはこの地を、イスラエルの部族への割り当てにしたがって、相続地としてイスラエルに与えた。そして、その地に戦争はやんだ。」

「すべて**主**がモーセに告げられたとおりに」とあるように、主のご計画どおりなのです。ヨシュアの戦いぶりは、終始一貫して、「神の命じられたとおりに」です。それが勝利の道ですし、祝福となりました。分捕り物の中でも、戦車や馬は、戦いの最中、最も欲しいものでしょう。それなのに、馬の足の筋を切り[*5]、戦車を火で焼く。ヨシュアは実に忠実です。徹底して主の命令に服従します。カナン定住の戦いは、信仰の戦いとわきまえていたからでしょう。

「ある者は戦車《いくさぐるま》を　ある者は馬を求める。
しかし私たちは
私たちの神　**主**の御名を呼び求める」（詩篇二〇・七）。

この調べはいつも変わりませんでした。「彼らの馬の足の筋を切り、彼らの戦車を火で焼け」という主の口より出た命令こそは、戦いにあっては「われに信頼せよ」との神の挑戦のことばであったのです。ヨシュアは見事にこれを受けとめました。後々の時代に、ソロモン王は、戦車用の馬のために馬屋四万、騎兵一万二千をもつ（I列王四・二六）という具合に、主への信頼を離れ、馬を誇りとし、安心を得ようとしました。ソロモンの栄華のたそがれはすでに彼自身の中に根があったのです。

ヨシュア。神の命に従い、神に信頼し、目に見える世人の信頼の的となるものを潔く焼いて灰とする。神への信頼を、神の指示どおりに黙々と事を進めるなかで表しています。戦いを終えてのヨシュア。アナク人までも確かに打ち破ってのヨシュア。心の内は、神へのほめ詩《うた》に満ちていたのではありませんか。約束の主への賛美に。そして、その神に従いゆくことの幸いに。

ヨシュア記は、人間の声のしない書と言われます。聞こえるのは神の御声です。そこに勝利があり、神の民、神の強者どもの戦いぶりがあると知るのです。「舌の筋肉ばかり達者な者はだれか」と、黙々として神に従うヨシュアの後ろ姿が問いかけてくるではありませんか。神の御声を一つ聞いて、十も言い返し、つぶやき、反対してみる。そうでなくて、ヨシュアは実に神の御前に静かです。われわれの人生もこうありたい。歩んだ後には、ただ一つ、神の御声だけがこだまして響いている、と。

約束はあるのです。主の真実さも、昔も今も明日も変わりません。となれば、一歩も後退せず、いよいよ御国への、永遠のいのちへの歩みを固めていきたいと思います。ヨシュアのように、黙々として、神の御声に「アーメン」と歩むべき道を確かめつつ。

注

1　ハツォルが要塞（「取り囲む enclosure」の意から）、ヤビンは「賢明」ですから、要塞の王「賢明」となり、なかなか手強そうです。
2　口語訳、新共同訳は「滅ぼす」、「滅ぼし尽くす」と訳します。文語訳も「滅ぼす」です。
3　現世に姿を現している神。多くは天皇を敬って言います。現人神《あらひとがみ》。
4　申命二・一四によると、放浪の旅は三十八年であり、カレブは八十五歳でヘブロンを取ります。それが四十歳での出エジプトから四十五年後であるので（ヨシュア一四・七以下）、四十五マイナス三十八で七となり、七年が算出されますが、参考程度とすべきでしょう。
5　「足の筋を切った」馬でも農耕馬として使えると言う者がいますが、切られた馬は徐々に死を迎えたと解釈する者もいます。

12　勝利を数えて

〈ヨシュア一二・一～二四〉

一八八七年のことです。エジプトで考古学とは縁のない農夫が、エル・アマルナの廃墟で大変な発見をします。もっとも、それがどれほどに重大な事かは、当人も気づかなかったのですが……。いわゆるアマルナ・タブレットの発見です。エル・アマルナの廃墟では、泥レンガが時代を経て、徐々に分解してできる窒素肥料を求めて、農夫が訪れ、地面を掘り返していました。そんな一人が数百枚の粘土版につまずき、大発見となるのですが、釘の先で模様を付けたようなその粘土版を隣人にわずか二シリングで売ってしまいます。粘土版といっても、小さな物で、手のひらに入るくらいのものです。粘土版の手紙です。手から手に渡るなかで、専門家の目にも触れるのですが、初めはあまりにもよく保存されていたために、偽物とされたほどでした。本物との評価を得たときには、すでに二百ものタブレットは失われてしまっていました。そんなわけで、四年後の一八九一年には、大々的な発掘調査が行われることになったのです。

このアマルナ・タブレットと今朝のヨシュア記一二章といったい何の関係があるのか、

と考えておられるでしょう。もちろん、あるのです。ヨシュアの時代と近いのです。特に政治的なやりとりに使われていた手紙が数多くあり、エジプトの王アメンホテプ三世や、四世、別名アケナテンに宛てて書かれていることから、紀元前一三〇〇年代後半に当てはまります。このアケナテンは、黄金のマスクで有名なツタンカーメンの義父にあたり、そのツタンカーメンの名前も見られるとあって、確かに紀元前十四世紀後半のものなのです。その中の百五十ほどが、この約束の地カナンに関わる出来事に触れているというわけで、当時の様子を知るたいへん重要な資料となりました。

このカナンの王たちがエジプトの王宛てに出した手紙の中に、軍事的な救援を求めるものが多く見られ、それも何千人という数ではなく、弓の使い手、射手を二百人とかという具合で、カナンの地はこの時代、全く小国の集まりだったことが明らかとなったのでした。

ちょうど、この一二章七節以降では、ヨルダン川の西岸の様子を描いて、王様の名前を列挙していますが、この様子がまさにぴったりなのです。九節から読んでみると、戦い取った順に数えられています。

「エリコの王、一人。ベテルの隣のアイの王、一人。エルサレムの王、一人。ヘブロンの王、一人。ヤルムテの王、一人。ラキシュの王、一人。」

ラキシュの王からエジプトのアメンホテプ三世とアメンホテプ四世に宛てられた手紙が数通ありました。

「エグロンの王、一人。ゲゼルの王、一人。デビルの王、一人。ゲデルの王、一人。」
ゲゼル[*1]の支配者であるミクルという名の王に宛てたアメンホテプ三世からの手紙には、商取り引きの見返りに四十人の女性の献酌人を要求する内容が、またゲゼルの王からは、彼がカナンの都市国家の中で中軸となる役割を占めていることや、ファラオへの忠誠を示す内容、さらに他のカナンの統治者たちとの間での揉めごとなどが書かれていました。

「ホルマの王、一人。アラドの王、一人。リブナの王、一人。アドラムの王、一人。マケダの王、一人。ベテルの王、一人。」

このタブレットには、ベテルの名前が出てこないので、中期青銅器時代にはベテルは他の町に従属する形であったと推測されたりしています。

「タプアハの王、一人。ヘフェルの王、一人。アフェクの王、一人。シャロンの王、一人。マドンの王、一人。ハツォルの王、一人。」

ハツォルに言及する四つの手紙がありました。紀元前十四世紀のものです。そのうちの二つは、この町の支配者からエジプトの君主（overlord）に送られており、王国の政治的実情を反映する内容となっています。他の二つはツロとアシュタロテの統治者から送られ、ハツォルの統治者の行動に言及するものということです。これらの手紙では、ハツォルの統治者が「王」と呼ばれ、また自分でもそう呼んでおり、単なる「統治者」（ruler）ではないことから、都市国家として成り立っていたことがうかがえます。

「シムロン・メロンの王、一人。アクシャフの王、一人。タアナクの王、一人。メギドの王、一人。」

メギドの王より、アメンホテプ三世（在位 前一四一七～前一三七八年）と四世（在位 前一三七九～前一三六二年）への手紙が八通あります。六通はビリディヤ（Biridiya）王よりのものであり、タブレットはその地方の粘土で作られたものであるということも明らかになりました。ビリディヤ王はエジプトの王への忠誠を表明し、シェケムの王ラバヤとの争いについて書いています。シェケムのラバヤ王はメギドを力ずくで手に入れようとして失敗した模様です。別の手紙では、エジプト軍を要請し、町の敗北を阻止してほしいと訴えています。

「ケデシュの王、一人。カルメルのヨクネアムの王、一人。ドルの高地の、ドルの王、一人。ギルガルのゴイムの王、一人。ティルツァの王、一人。全部で三十一人の王である。」

数え上げて、三十一人に及びます。この小さな場所に、三十一人もの王がいたのです。となれば、三十一もの王国が存在していたことになるわけです。南北に二百四十キロメートル、東西には八十キロメートルしかありません。そこに王国が三十一もあったとなると、こんな狭い場所に、こんなに多くの国があるはずがない、と昔から笑い飛ばされていました。それで、このヨシュア記一二章は、ヨシュア記の偽作性の証拠、つまり作り話の証拠として取り上げられていたのです。

それが、このアマルナ・タブレットが出土してからは、笑うのはこちら側となったわけで、カナンの地では、一つ一つの谷間の町々が、小国家を形成していたのでした。ギリシアのポリスにように[*2]です。

それに加えて、カナンの王国からエジプトの王に宛てた軍隊要請の手紙に出てくる、カナンに侵入してきたハビルという軍団は、ヘブル人のことであろうと考える学者もいて、ヨシュアのもとでイスラエルが約束の地に入って来たことを語っていると見ています。他方、ハビルの侵攻は、約束の地に限らず、ずっと広い領域にわたっているとして、ヨシュアのカナン攻略とは違う出来事であると主張する学者もいるという具合で、結着は先のことになるでしょう。

聖書考古学という分野も、こう見ると面白いものです。何といっても、聖書に記されていることが確実であると実証されればされるほど、私たちの信じている永遠のいのち、御国の約束も確実、とつながっていくのですから。もちろん、救いの真実さも、約束の確かさも、信仰の問題ということなら、心の中ではこれを信じ、喜びをもって「アーメン」となります。それでも、こんな形で聖書の真実さが明らかにされていくとなれば、興味本位の発掘、発見では終わりません。そうなると、「みことば」と取り組んでいきたいということなら、牧師や聖書学者になるのもよいでしょうが、みことばの確かさを、つるはしとシャベルで確かめていくという道も、人生が二つあれば歩んでみたいものです。

この一二章には、王の数ほどの町の名が出てきますが、その中には、アイのように焼かれて廃墟とされたものもあれば、そのまま残されて使われたものもあります。こんなところも、考古学と合わさってゆく、となれば嬉しいものです。生かされている聖書の世界の確かさを示すというものです。そんなわけで、アマルナ・タブレット発見で、昔と違って、立場は逆転。このヨシュア記一二章、数多くの町の名前を連ねる本章は、聖書の記録の史実性を、歴史に基づくものという確かさを明らかにするものとなっているのです。

馴染みのない王の名前がずらりと並ぶ一二章ですが、「エリコの王、一人、アイの王、一人……」とヨシュアの征服した町の名前が告げられるごとに、聖書の歴史性が示されていたのかと読み直すと、カタカナの名前ばかりで読み飛ばしてしまうところにも、聖書の記録の確かさが裏づけられる鍵があったと分かります。うかうかとは読めないものだったのです。


さて、三十一もの王国を征服したのはヨシュアです。約束の地ヨルダン川の西岸での出来事でした。この一二章の前半部、一節から六節は、モーセ指揮下での勝利の確認です。

「ヨルダンの川向こう、日の昇る方で、アルノン川からヘルモン山までの全東アラバにおいて、イスラエルの子らが討ち、占領した地の王たちは次のとおりである」と告げ、続いて王の名前が挙げられますが、わずかに二人です。

一人目は二節からで、「アモリ人の王シホン」です。その領土はというと、「ヘシュボンに住んでいた、アモリ人の王シホン。彼はアルノンの渓谷の縁にあるアロエルから、その渓谷の中、およびギルアデの半分、そしてアンモン人の国境ヤボク川まで、またアラバ、すなわち、キネレテ湖の東まで、またアラバの海すなわち塩の海の東まで、ベテ・ハ・エシモテへの道まで、そして南はピスガの傾斜地のふもとまでを支配していた」と、これが全部一人目シホンの領土でした。

そして四節に、もう一人、「バシャンの王オグ」です。「アシュタロテとエデレイに住む、レファイムの生き残りの一人である、バシャンの王オグの領土」とあります。そして、「彼はヘルモン山、サルカ、ゲシュル人とマアカ人との国境に至るバシャンの全土、ギルアデの半分、ヘシュボンの王シホンの国境までを支配していた」と、領地の確認をします。

これらはすべて、主がイスラエルに与えてくださったものでした。そのうえで、六節に、「**主**のしもべモーセとイスラエルの子らは、彼らを討った。**主**のしもべモーセはルベン人とガド人と、マナセの半部族に、その地を所有地として与えた」と、あらためてヨルダン東岸もイスラエル二部族半の所有となったことを記します。

それにしても、偉大な英雄モーセはヨルダン川の東岸にいる二人の王を打っただけなのに、ヨシュアは西岸で三十一人の王を打ち破っていたのです。よくも、戦いに戦いの日々を耐え抜いたと思います。イスラエルは、エジプトを出て以来、四十年の荒野の旅の末にここにやって来ました。どれほどの武器が彼らの手にあったのでしょうか。どれほどの訓練がなされていたのでしょうか。戦いが始まったときには、もうマナが降るのはやんでいました。食糧はどこで手に入れたのでしょうか。いったいどんなふうにして戦いの日を送っていたのでしょうか。

今こうして戦いが終わって、勝ち取った王国の名を数えていき、王の名前を一つ書き加えるごとに思ったことでしょう。「エリコの王、一人」と書いては、「これはわれわれの勝利ではなかった。主の勝利。主の戦いであった」と。「ベテルの隣のアイの王、一人」と記しては、アカンの罪ゆえの負け戦、主が共に戦ってくださらなかった」と思い起こし、「われらの戦いは、数の戦いにあらず。主の戦い」と肝に銘じる。「主の戦い」、「主が戦い、勝利してくださった」との思いが筆先に感じられたことでしょう。

それも、摂理の神の戦いであったのです。もしヨシュア軍がカナンに入って来たときに、このカナンの地が一つの大きな国家として、ちょうどダビデやソロモンの時代のように、一人の王によって治められていたとしたら、どうだったでしょうか。ヨシュア軍の戦いはこうはいかずに、苦戦を強いられていたかもしれません。もちろん、主の戦いですから、兵の数や武器がすべてではないことはわかっています。それでも、カナン軍が小国の軍隊の寄せ集めであったので、背水の陣のヨシュア軍にとっては戦いやすかったという状況が見えてきます。それも、たまたま運良くというのではなく、神は、ヨシュア軍をカナンに導き入れる前に、すでに手を打っておられました。歴史を支配する摂理の神の御手をもってここにカナンを小国分立という形にとどめておき、これらをヨシュア軍に攻め取らせたのです。時を読み、策を弄する最大の軍師がヨシュア軍に味方したのです。さらに言うなら、摂理の御手は、隣のエジプトの状況にも及んでいました。エジプトの力が弱まっている時代だったのです。カナンの地に対するエジプトの支配力が弱まったために、カナンの小国の間で王たちが戦いを始める。そんな王たちは、少しでも戦いを有利に展開しようと、エジプトに援軍を求めますが、エジプトの王アケナテンのほうは、国内の問題に振り回されて手が回りません。援軍要請はことごとく無視されたようです。

もう一つ付け加えると、アマルナ・タブレットからですが、エジプトは、カナンの地の小国を有効に支配するために、それぞれの防衛ネットワークを解体していたと言われています。エジプトを敵と見立てての共同軍事練習などできない状況に置かれていたのです。ですから、ヨシュア軍を相手にしても、慣れぬ形でにわか仕立ての連合軍で対抗する、となったのでしょう。共同戦線も足並みの揃わないものであったことでしょう。ヨシュア軍に味方したお方は、時を読むだけではありません。すべてを、相手までも、意のままに支配なさるお方でした。とすれば、主とともに歩む道はなんと心強いことでしょう。

この一二章は、ヨルダンの東でも西でも、戦い取っての勝利の記録となっています。その戦いを導いたお方が私たちとともに今歩んでくださっています。私たちの信仰の戦いを見守り、導き、矢面に立ってくださるお方となれば、問われるのは私たちの戦いの姿でしょう。キリストの兵士たる者、主の強者などと自負しているわれら、いかほどの戦う姿、勢いありや、と問われそうです。

兵卒ならば、パウロが「兵役についている人はだれも、日常生活のことに煩わされることはありません。ただ、兵を募った人を喜ばせようとします」(Ⅱテモテ二・四)と語るように、指揮官を喜ばせるためにこそ、一生懸命であるべきですが、その神である指揮官を喜ばせようとの志がどれほどありしか、と問われることになります。東に西に、戦い抜いていったヨシュアです。戦い抜いて、三十一もの王の首を取ったヨシュアです。一日終えて、今日は戦ったかと問われます。外の戦いだけではありません。内なるエブス人との戦いをどれだけ戦ったか、と。戦いをさえ忘れて世と妥協していくことのないように、という警告をも聞くのです。

戦いは至るところにあります。ヨシュアの敵となって、これに立ちふさがったのは、すべてでした。「この王たちは、山地、シェフェラ、アラバ、傾斜地、荒野、ネゲブに住んでいて、ヒッタイト人、アモリ人、カナン人、ペリジ人、ヒビ人、エブス人であった」という具合です。至るところに敵あり。人生にも戦いはつきないもの。礼拝に向かう心を挫くものあり。祈りの心を閉ざさせるものあり。内に外に敵はいる。戦いはやむことなく続くのです。むしろ、「信仰の戦い、やむことなし」とわきまえるべきでしょう。心を決める。生きる限り「雄々しく戦え」と。戦いを忘れていること自体、怪しむべき状態です。ないはずはない戦いなのですから。

こんな話があります。クリスチャンの奴隷とクリスチャンでない主人の対話です。

——おまえは、神を信じているというくせに、毎日、やれ戦いだ、やれ誘惑だ、と平安どころではない。わしなど、何の戦いもなければ、サタンの誘惑などもない。信じているというおまえは、実に大変なだけで、気の毒だ。良いことなど、何もないではないか。

——でも、旦那様。よくご一緒に鴨打ちに行きます。鴨の群れに旦那様が「バン」と一、二発お打ちになって、私に拾いに行かせますが、致命弾を受けずに、「はで」となり、もがいているやつを先に拾えとおっしゃる。息の止まったやつはあとで良い、と。サタンの一発は旦那様に命中。ほっといても大丈夫なのでさ〜。わたしのほうは、まだ生きてますんで、サタンのほうでも躍起なのでございます。

霊の戦いが現実となるのは、キリストにつく者とされたゆえです。エペソ人への手紙二章一節が、「あなたがたは背きと罪の中に死んでいた者であり」と、救いにあずかる前の私たちの姿を教えます。〔霊的に言えば〕「背きの中に死んでいた私たちを、キリストとともに生かしてくださいました。あなたがたが救われたのは恵みによるのです」と、同じエペソ人への手紙二章五節は、私たちのキリストのある新しいいのちの現実を教えます。その新しいいのちゆえの戦いがあるのです。パウロは、同じエペソ人への手紙六章一〇～一一節で「終わりに言います。主にあって、その大能の力によって強められなさい。悪魔の策略に対して堅く立つことができるように、神のすべての武具を身に着けなさい」と戦い方を指南しています。具体的に、身に着けるべき武具は一四節から一七節にありますが、その確認は皆様に任せておいて、最後に、五章八～一〇節を読んで終わりたいと思います。

「あなたがたは以前は闇でしたが、今は、主にあって光となりました。光の子どもとして歩みなさい。あらゆる善意と正義と真実のうちに、光は実を結ぶのです。何が主に喜ばれることなのかを吟味しなさい。」

注

1　"The earliest text, sent from Pharaoh Amenhotep III (r. 1417–1379) to Milkilu, ruler of Gezer, asked for 40 beautiful female cupbearers in exchange for a shipment of merchandise. Several texts from Milkilu illustrate that he was a major player in the Late-Bronze Canaanite city-states, either displaying his loyalty to pharaoh or encountering problems with other Canaanite rulers." (*The Oxford Encyclopedia of the Bible and Archaeology.*)

2 "And although the canaanite cities preserved a level of political and social autonomy, as indicated in the amarna letters (ca,1350 b.c.e), the Egyptians appear to have mitigated the difference in stature among the various city-kingdoms, presumably dissolving any coherent defensive networks around individual sites. All sites ultimately fell under Egyptian authority." (Ibid.)

13 主こそ我がゆずり[*1]

〈ヨシュア一三・一〜三三〉

ヨシュア記一三章まで来ました。全部で二十四章ですから、折り返し地点を回ったところです。一節に、「ヨシュアは年を重ねて老人になっていた。主は彼に告げられた。『あなたは年を重ね、老人になった。しかし、占領すべき地は非常にたくさん残っている』」とあり、老ヨシュアの姿がここにあります。その生涯を百十歳で閉じるヨシュアです。このとき何歳であったのかは記されていません。次の一四章では、ヨシュアとともに約束の地に入れたカレブが「今日、私は八十五歳です」と語っています（一〇節）。少なくともそれくらいの年嵩であったと思われます。

主なる神に対する絶対的な従順に貫かれたヨシュアの歩みを、章を追って見てきました。神が命じられたことを一言も取り除かず、実行し、戦いにあっては、主が命じられたとおりを行い、右にも左にも逸れずに、毅然とした態度で、真っ直ぐに進んで来たヨシュアです。足取りをたどってきて、実に清々しさと小気味好さが心に残っています。

しかし、そのヨシュアも人の子です。「生・老・病・死[*2]」の飾りを免れえぬ者です。いつしか老年となっています。しかし幸いな老年です。今現実に、彼は約束の地にその両足でしっかりと立っています。ヨルダン川をはるかに眺め、約束の地の手前で死んだモーセと比べたら、ずっと幸せ者だったのではありませんか。人はすべて老いゆく者。しかし、それでも、精神的な老年は迎えたくないものです。肉体は衰えても、心までは撓《しな》えさせてはならぬこと。老いゆくにも知恵は必要です。老いの哲学とやらも必要なものでしょう。

「馬齢を重ねまして」と人はよく言います。若造のころは、それを聞くと、口の中で「アーメン」と生意気にもつぶやいていたものです。そんな自分もいつしか白髪まじりとなりました。しかしそれも、「頭髪《かしら》白ければとて長者ならず、彼の齢熟し空しく老いたりと謂ふべきのみ」[*3]との手厳しい指摘も思い出されるものです。

ところが、このヨシュアは違います。老いたとはいえ、その内なる心は依然として衰えを見せぬ。いや、衰えてなどいられぬヨシュアです。老いて第一線から引退を、とはいかず、主は、「汝は年進みて老いたるが、尚取るべき地の残れるもの甚だおおし」と、鞭打たれます。ヨシュア一代の戦いはなお未完成なのです。

「老いたとはいえ、なお戦い有り。心臓の最後の一鼓動まで戦わなければならない。それが人生なのです。最後まで、肉を裂き、血を流して十字架に果てるのがキリスト教でしょう。地上にあるかぎり、クリスチャン・ソルジャーとしての引退はなし。揺り椅子に身を投げて、流れ行く雲を眺めて、なんて日々はなし。主にある安息は、戦い終わって地上を去るときに、なのですから。途中で戦いを放棄する者には敗北あるのみ」と、この箇所から説教され、そのことばどおりに生き抜かれた大先輩の牧師を思い出します。

現世にあって、現世でないかのように、すっと地上の戦いを超えて道を求める宗教とは対照的に違うものです。若い人には若い人の戦いがあり、老い人には老い人の戦いがあります。それも、ただ戦うのではありません。目当てあっての戦いです。ヨシュアに主は、「占領すべき地は非常にたくさん残っている」と指さすのです。戦い終わらぬ戦いあり。そこには、神の約束の賜物の大きさも浮かび上がってくるものです。ちょっと戦って、わずかの戦利品で終わりでなく、生涯戦い抜いても、まだ取り残しあり、というほどに神の賜物は大であるとなるのです。

主イエスが五千人の群衆を、さらに四千人の群衆を、野原で満腹させ、余ったパンを集めたところ、十二のカゴにいっぱいとなった、七つのカゴにいっぱいとなった、との出来事を思い出します。余ったパンの多さは、恵みの余りある豊かさを示していました。

戦い抜いてきたこのヨシュアでさえも、神が与えようとしているものを取り損なっているとすると、満足に戦わず、うかうかと日を送っている者は、どれほど多くのものを失っていることでしょうか。ヨシュアが全力傾注しても、なお「取るべき地、甚だおおし」とすれば、われわれの取り損ねているものは、いかに多きことか、と知らされるのです。

神が差し出しておられるものの十分の一、いや百分の一くらいしか受け取らずに、クリスチャンになったのに喜びなし、恵みと覚えて感謝すること少なし、とつぶやくとしたら、残念です。もっと、大きく受け取るべき信仰の手を広げよ、と促される必要がありましょう。さて、ヨシュアの取り残し分、そのリストは二節から六節です。

「残っている地は次のとおりである。ペリシテ人の全地域、ゲシュル人の全土。エジプトの東のシホルから、北は、カナン人のものと見なされているエクロンの国境まで、すなわち、ペリシテ人の五人の領主が支配する、ガザ人、アシュドデ人、アシュケロン人、ガテ人、エクロン人の地と、南のアビム人の地。カナン人の全土とシドン人のメアラ、アモリ人の国境のアフェクまでの地。ゲバル人の地と、ヘルモン山のふもとのバアル・ガドからレボ・ハマテまでの、レバノンの日の昇る方の全域。レバノンからミスレフォテ・マイムまでの山地の全住民、すなわちすべてのシドン人。わたしは彼らをイスラエルの子らの前から追い払う。わたしがあなたに命じたとおり、あなたはその地をイスラエルに相続地としてくじで分けよ。」

このように、おもな町々は攻め取ったものの、各所に潜む敵は多く残っていました。これもまた、私どもへの霊的なメッセージです。ここかしこに多くの敗残兵が、敵が潜んでいるのです。十字架によるキリストの贖いにあずかって、死からいのちに移された私たちです。でも、それですべての戦いがやんだのではなく、なお小規模の戦いは続いていくのです。それが、キリスト者の聖化の歩みです。エペソへの手紙四章二三〜二四節、「また、あなたがたが霊と心において新しくされ続け、真埋に基づく義と聖をもって、神にかたどり造られた新しい人を身に着けることでした」と、「新しい人」としての義《ただ》しさ、聖さを奨めています。ここに私たちの戦いがあります。古き自分との戦いです。目指す聖さとはキリストの聖さです。いい加減なところで、十分に「聖くなった」などと思わぬように。キリストの似姿を目指して続く私たちの聖化の戦いがあるのです。永遠の御国の世継ぎとされた私たち、キリスト・イエスとともに共同相続人となった私たちには、キリストに似た者となる、との日々の戦いが始まっていたのです。

その戦いですが、ヨシュアに主は、六節後半、七節でこう言われます。

「わたしは彼らをイスラエルの子らの前から追い払う。わたしがあなたに命じたとおり、あなたはその地をイスラエルに相続地としてくじで分けよ。今、この地を九部族とマナセの半部族に相続地として割り当てよ。」

戦いの勝利が約束されてのヨシュアの戦いです。「わたしは彼らをイスラエルの子らの前から追い払う」と、主が戦ってくださるゆえに。勝利は確実なのです。それも、「わたしが追い払う」と主は告げ、ヨシュアには、「あなたは相続地としてくじで分けよ」と命じられます。戦って占領する前に、「くじで分けておけ」との指示です。もう確実に相続できるものとして分配せよ、ということでしょう。これも、霊的にも嬉しいことです。このリストに挙げられている大変な数に上る敵に対して、「彼らを追い払う」と勝利の確かさを保証されるのです。これを私どもにとらえ移してみれば、私たちも必ずこの世での戦いに勝つ、と見てよいのです。先行きに不安を覚えることなし。天国を望んでよいのです。最後のひと呼吸まで、地上の戦いが続こうとも、御国はわれらのものです。すでに与えた、との主の御声を私たちは聞いているのです。この保証があるからこそ、最後には私たちを召し上げて栄光の中に受け入れてくださる約束を信じて、御国への準備ができるのです。

ヨシュア記に戻って、戦い残した地を、そのまま相続地として分け与えるヨシュアでした。また、それを神の約束と信じて、譲り受けるイスラエルの九部族半です。その具体的な様子を次回、一四章から見ていきます。

その前に、他の二部族半はすでにヨルダン川の東岸に相続地を得ていたので、ここにもう一度、ルベン、ガド、マナセの半部族のことが念のために記されています。八節から一三節に、「ルベン人とガド人はマナセの残りの半部族と並んで、ヨルダンの川向こうである東側で、モーセが自分たちに与えた相続地を受け取っていた。主のしもべモーセが彼らに与えたとおりである」と、前置きしたうえで、南から北へとたどる形で、獲得した領地の広がりを次のように記します。

「〔塩の海つまり〔死海〕中央部に流れ込む〕アルノンの渓谷の縁にあるアロエルから、

その渓谷にある町、またディボンまでのメデバの全台地、〔これが最南部で、その北に〕ヘシュボンで王であったアモリ人の王シホンの、アンモン人との国境までのすべての町、〔があり、その北方の〕ギルアデ、ゲシュル人とマアカ人の領土、〔最北端となる〕ヘルモン山全域、サルカまでのバシャン全域、アシュタロテとエデレイで王であった、バシャンのオグの王国全域。オグはレファイムの生き残りであった。モーセは彼らを討ち、追い払った。しかし、イスラエルの子らは、ゲシュル人とマアカ人を追い払わなかったので、ゲシュルとマアカはイスラエルのただ中に住んだ。今日もそうである。」具体的に、このヨルダン東岸の地の割り当ては、一番南の部分がルベン族に与えられます。それが、一五節から二三節の町々と村々です。

「モーセは、ルベン部族の諸氏族に相続地を与えた。彼らの地域は、アルノンの渓谷の縁にあるアロエルから、その渓谷にある町、またメデバの全台地、ヘシュボンと、台地にあるすべての町、ディボン、バモテ・バアル、ベテ・バアル・メオン、ヤハツ、ケデモテ、メファアテ、キルヤタイム、シブマ、谷間の丘にあるツェレテ・ハ・シャハル、ベテ・ペオル、ピスガの傾斜地、ベテ・ハ・エシモテ、台地のすべての町、ヘシュボンで王であったアモリ人の王シホンの全王国。モーセはシホンと、その地に住む、シホンの首長であったミディアンの君主たち、すなわち、エウィ、レケム、ツル、フル、レバを討った。これらの刺し殺された者に加えて、ベオルの子、占い師バラムをイスラエルの子らは剣で殺した。ルベン族の地域は、ヨルダン川とその地域である。これがルベン族の諸氏族の相続地で、その町々とそれらの村々である。」

次いで、ガド人たちのためには、二四節から二八節の町々と村々です。

「モーセは、ガド部族、すなわちガド族の諸氏族に相続地を与えた。彼らの地域はヤゼル、ギルアデのすべての町、アンモン人の地の半分で、ラバに面するアロエルまで、ヘシュボンからラマテ・ハ・ミツパとベトニムまで、マハナイムからデビルの国境まで。谷間ではベテ・ハ・ラム、ベテ・ニムラ、スコテ、ツァフォン。ヘシュボンの王シホンの王国の残りの地、すなわち、ヨルダン川とその地域では、ヨルダンの川向こう、東の方、キネレテ湖の端まで。これがガド族の諸氏族の相続地で、その町々と村々である。」

さらに、マナセの半部族のためには、二九節から三一節の町々と村々です。

「モーセは、マナセの半部族に相続地を与えた。それはマナセの半部族の諸氏族に属する。彼らの地域はマハナイムからバシャン全域、バシャンの王オグの全王国、バシャンのハボテ・ヤイル全域にある六十の町、ギルアデの半分、バシャンのオグの王国の町アシュタロテとエデレイ。これらは、マナセの子マキルの子孫、すなわち、マキル族の半分の諸氏族に属する。」

彼らは、すでに東岸にこれらの割当地を得ていたにもかかわらず、他の九部族半のために、戦いの先陣を切って、戦ったのです。見事なフェアプレイです。自分の相続地―安住の地は手に入ったというので、あとの者たちの戦いなど対岸の火事とばかりに、高見の見物を決め込みはしませんでした。最後までヨシュア軍の中で戦ったのです。友のために、同胞のために。

立派です。自分のことだって、そう真剣になれないものなのに、よく中途半端で、自分の地に帰ったりしなかったと思います。友のための安住の地を得る。このために真っ先に血を流しての戦いを覚悟し、実際に戦いもし、ここまで一緒に来たのです。マナセの半部族、ルベン族にガド族です。われらの戦いもこうあれかし、です。友のためにも戦う。自分一人、御国の約束を得て、永遠のいのちの喜びを知ったにとどめず、なお信仰の友のために、同じく御国を目指して歩む友のための戦いにも加わっていく。それでこそ、同じ血潮で贖われた民の姿ではありませんか。

友人の戦いを、第三者的に見ているものは、一番憎らしいものです。一緒に、いや、真っ先に戦ってきたルベン、ガド、マナセの勇士たちはこうして戦い終わって、すでに得ていた相続地へと戻って行きます。友のために全力で戦い得た満足、喜びがあったことでしょう。

ところで、一四節に、「モーセは相続地をレビ部族だけには与えなかった。主が約束されたとおり、イスラエルの神、主への食物のささげ物こそが彼らへのゆずりの分である」と記されています。三三節にも「レビ部族にはモーセは相続地を与えなかった。主が彼らに約束されたとおり、イスラエルの神、**主**が彼らへのゆずりである」とあります。約束の地カナンを踏みしめても、寸土といえども与えられなかったレビ部族です。相続地はなし。しかし、「主」が相続地であったと言われるのです。これはこれで大変な特別扱いです。特別な神様の計らいです。「神」こそが彼らの取り分、領分であるとされています。これこそ、神に仕えるレビ族の姿にふさわしいものだからでしょう。彼らは、この世にはこだわるべき物をもたず、いや「もたされず」とされたのです。

世的には無一物となったレビ族たち。しかし、これが神に仕える者の絶対条件なのではありませんか。すでに、「人は神と富とに兼ね仕えることあたわず」との宣言を聞く思いがします。世的にはカナンに相続地を与えられず。しかし、その身分だからこそ、心置きなく神に仕える者とされたレビ人たちです。むしろ、自分で土地のために戦うことから免除されていました。その分、霊的な戦い、信仰の歩み方を心して戦いゆけたとならないでしょうか。専心できた、と。

「主こそ我がゆずり」と言うなら、私たちも同じことです。詩篇の一六篇五節に、「**主**は私への割り当て分 また杯。あなたは 私の受ける分を堅く保たれます」とあります。この世に望みを置いて生きていた者がいつしか、御国を思って生きる。地上は仮の住まい。帰るは天の御国と心を定めて生きている。

同じく、神に仕え抜いたパウロもまた、ピリピ人への手紙三章八節で、「それどころか、私の主であるキリスト・イエスを知っていることのすばらしさのゆえに、私はすべてを損と思っています。私はキリストのゆえにすべてを失いましたが、それらはちりあくただと考えています」と言いきります。キリストの用意してくださった御国こそ割り当て分であると知っているから、永遠のいのちこそ、われらのものと知っているからです。

そして、これこそが約束の地カナンが霊的に示していたものです。ヘブル人への手紙一一章は、「アベル、エノク、ノア」と名前をあげて旧約の聖徒たちの信仰を語り、もちろん、あのモーセの名前もありますが、最後に三九〜四〇節で「これらの人たちはみな、その信仰によって称賛されましたが、約束されたものを手に入れることはありませんでした。神は私たちのために、もっとすぐれたものを用意しておられたので、私たちを抜きにして、彼らが完全な者とされることはなかったのです」とまとめます。私たちを抜きにしてではありません。一緒に、なのです。目指していたのは、地上の約束の地、ヨルダンの彼方ではなく、天上の御国でした。

世の富も地位も名声も、「ちりあくた」と見る。キリスト・イエスは、その約束はそれほどにすばらしいものです。主とともに歩む共同相続人としてくださっている。未来の栄光の測り知れぬ大きさを知らされている私たちです。もしそう思えぬ自分なら、「主よ。私がキリストのすばらしさを知るために、妨げとなっている富も地位も名誉も、奪い取りたまえ」と、こんな祈りができたら。「神こそわが宝。我が幸こそ、イエス君」として歩

むために。これこそが本当の祝福なのですから。地上の何ものにもまさる心と思いを主に

つなぎ直して、この週を、日一日を、戦い抜いていきたく思います。

注

1　教理的には、詩篇一六・五に「主はゆずり」とする信仰が旧約において確認でき、ヘブル一一章は、新約と旧約の約束の成就を一つとして将来的（終末的）成就を語ります。この視点で、カナンの地の問題を扱うべきです。

2　「生まれし者どもには、死を逃れる道がありません。老いに達しては死が来ます。実に命ある者どもの定めは、このとおりです。若い人も、壮年の人も、愚者も、賢者も、すべて死に屈服してしまいます。すべての者は必ず死に至ります。見よ。見守っている親族がとめどなく悲嘆に暮れているのに、人は一人ずつ屠所に引かれる牛のように連れ去られます。」経集での釈迦の見る人生（小畑進『キリスト教慶弔学事典〈婚&葬〉』）。

3　法句経二六〇。

14　信頼の証し

〈ヨシュア一四・一〜一五〉

ヨシュア記一四章の場面は、人々が待ちに待った約束の地の割り当てとなります。

「イスラエルの子らがカナンの地でゆずりとして受け継いだのは、次のとおりである。祭司エルアザルと、ヌンの子ヨシュアと、イスラエルの子らの部族の一族のかしらたちは、その地を彼らに相続地としてくじで割り当てた。**主**がモーセを通して、九部族と半部族について命じられたとおりである」（一〜二節）。

相続地の割り当てです。約束の地が手に入るのです。大喜びの瞬間でありましょう。といっても、今日は久しぶりで礼拝に来た方々がおられるので、解説めいたお話を少しばかりいたします。

ユダヤ人たちが約束の地として占領、定住しようとしている地域はヨルダン川西岸の地域です。ヨルダン川の東岸には、現在ヨルダン（・ハシェミット）王国があります。ヨルダン西岸に第二次世界大戦後、ユダヤ民族がイスフエルという国を建て上げました。それで、イスラエルと追い出された先住民族のパレスナナ人との間には闘争が絶えません。パレスチナとの呼び名も、聖書の中ではこの地に住んでいたペリシテ人の「ペリシテ」から来たものです。時代は紀元前十四世紀、エジプトでいえばツタンカーメンのころです。日本では縄文時代後期で、関東では大規模貝塚が営まれ、近畿から九州まで定住化が進み、続く縄文晩期になって水田稲作農耕が導入される、とそんな時代です。すでにエジプト人もですが、イスラエル人も文字をもっていましたから、こうしてその当時の記録を読むことができるのです。

このヨルダン川西岸の地を「約束の地」と呼ぶのは、神がイスラエル民族の父祖アブラハムに与えた約束があるからです。創世記一五章一三節から一六節、飛んで一八節から二一節を読みます。ここでは、アブラハムは、アブラムと呼ばれています。

「主はアブラムに言われた。『あなたは、このことをよく知っておきなさい。あなたの子孫は、自分たちのものでない地で寄留者となり、四百年の間、奴隷となって苦しめられる。しかし、彼らが奴隷として仕えるその国を、わたしはさばく。その後、彼らは多くの財産とともに、そこから出て来る。あなた自身は、平安のうちに先祖のもとに行く。あなたは幸せな晩年を過ごして葬られる。そして、四代目の者たちがここに帰って来る。それは、アモリ人の咎が、その時までに満ちることがないからである。』……

その日、主はアブラムと契約を結んで言われた。『あなたの子孫に、わたしはこの地を与える。エジプトの川から、あの大河ユーフラテス川まで。ケニ人、ケナズ人、カデモニ人、ヒッタイト人、ペリジ人、レファイム人、アモリ人、カナン人、ギルガシ人、エブス人の地を。』」

神がアブラハムと結ばれた契約に基づいて、アブラハムの子孫のイスラエル人に約束の地が与えられるところを読んでいるわけです。四百年とあったのは、イスラエル人たちが飢饉により難民としてエジプトに寄留し、奴隷にまで身を落として過ごした年月です。その後、エジプトから追放されるようにして出て来たイスラエルは、ヨルダン川を渡って約束の地に入り、今それを部族ごとに分割相続しようというのです。

さて、約束の地の分割、移譲とはいっても、現実は厳しいものがあります。一三章一節には、ヨシュアへの主自らの激励がありました。ヨシュアは、モーセの後継者として立てられたイスラエルの指導者です。年を重ねて高齢となったそのヨシュアに主は言われました。「あなたは年を重ね、老人になった。しかし、占領すべき地は非常にたくさん残っている」と。相続地が分割され、割り当てられていくのですが、それを戦い取って自分たちのものとするのです。

確かに、ヨシュアに率いられてのイスラエルは、ヨルダン川を渡り、エリコに次いでアイの町を攻め取り、ヨルダン川西岸のアモリ人の五人の王の連合軍をギブオンの戦いで打ち破り、さらにはハツォルの王ヤビンが召集したカナン連合軍に対してメロムの水のほとりでの戦闘で圧倒的な勝利を収めてはきました。しかし占領すべき地は、なおたくさん残っていました。となれば、相続地の割り当てというものも喜んでばかりはいられぬ出来事です。割り当てられた地にある多くの町や村を攻め取っていくことになるのです。楽をしたい、良い場所を手に入れたい、と様々な思惑が働くところでしょう。

しかるに、相続地の割り当て方法はというと、これが「くじ」なのです。くじを引いて、割り当て地を決めるとなれば、たといどんなに苦労の多い相続地を与えられ、戦い取っていかなければならないにしても、だれのせいでもありません。文句はくじに言ってください、となるでしょうか。割り当て担当部署の言い訳が容易になります。でも、そのような責任逃れを計算してのくじという方法ではありませんでした。ずっと信仰的な理由によるのです。

箴言一六章三三節には、「くじは膝に投げられるが、そのすべての決定は主から来る」とあります。くじだからといって、運任せというのではありませんでした。「主が決定したこと」と信じて、その決定に従うのです。そういえば、キリストを裏切って、後に悔いて自死したイスカリオテのユダの代わりとなる、十二弟子補充の際に用いられた方法がくじでした。二人に絞られた候補者から一人を選ぶ際に、これをくじで決めました。主ご自身の決定に従ったのです。

くじを引くという方法にこそ、主の導きに従って相続地を分けていくとの信仰の姿勢が求められていました。たとい当たったのが敵の勢力の強大な町であっても、戦いたもう主に信頼して相続地として受け取り、感謝する。相続地の割り当ては、イスラエルにとって信仰をもって見守り、臨むべき重大事でした。

そんな割り当てが始まろうとするところでカレブの登場です。エジプトを出て来たイスラエルの民のうち、当時二十歳以上で登録されていた男子のうちで、約束の地を踏むことを許されたのはヨシュアとカレブ、この二人だけでした。彼らだけが、モーセにもかなわなかった約束の地を踏むことができました。そのカレブが、とびっきり攻略の困難な町を相続地としていただきたいと言いだすのです。

「ユダ族の人々がギルガルのヨシュアのところにやって来た。その一人ケナズ人エフンネの子カレブがヨシュアに言った。『主がカデシュ・バルネアで、私とあなたについて神の人モーセに話されたことを、あなたはよくご存じのはずです』」（六節）。

かつて約束の地カナンの偵察に向かった十二人の斥候の一人がカレブでした。ヨシュアの前に進み出、「主があの時」と口を開きます。四十五年前の出来事です。カレブ四十歳の時です。

モーセが送り出した十二名の斥候は、約束の地に潜入し、そこが実に「乳と蜜の流れる地」と言われるほどに豊かであるのを確かめて帰って来ました。ところが、ヨシュアとカレブを除く他の十人の斥候は、そこに住む人々に恐れをなし、尻込みし、「攻め上れない。

あの地は強いから」と言い張り、人々の心を挫いたのでした。「人を恐れてはならない。必ず占領できる」と説くヨシュアとカレブの声に耳を貸さず、人々は「私たちはエジプトの地で死んでいたら良かったのに。できれば、この荒野で死んだほうがましだ」と泣き騒ぎました。彼らが口に出した願いどおりに、二十歳以上の登録されていた人はみな、荒野に屍《しかばね》をさらすことになりました。「荒野で死んだほうがましだ」との願いどおりに。

主なる神へのつぶやきは危険です。ちゃんと聞いていて、ではその願いをかなえてあげよう、となることがあるのですから。そのときには、「あれは本気ではありませんでした。口が滑って」といっても間に合わないのです。

今、生き延びて、約束の地に立ったカレブとヨシュアです。そのカレブが「あなたはよくご存じのはずです」とヨシュアに語るのは、あの折の主のお約束でした。民数記一四章二四節です。「ただし、わたしのしもべカレブは、ほかの者とは違った霊を持ち、わたしに従い通したので、わたしは、彼が行って来た地に彼を導き入れる。彼の子孫はその地を所有するようになる」と告げられたこの約束です。それで、ヨシュアに言います。七節から一一節です。

「主のしもべモーセがこの地を偵察させるために、私をカデシュ・バルネアから遣わしたとき、私は四十歳でした。私は自分の心にあるとおりを彼に報告しました。私とともに上って行った私の兄弟たちは民の心をくじきました。しかし私は、私の神、主に従い通しました。その日、モーセは誓いました。『あなたの足が踏む地は必ず、永久に、あなたとあなたの子孫の相続地となる。あなたが私の神、主に従い通したからである。』ご覧ください。イスラエルが荒野を歩んでいたときに、主がこのことばをモーセに語って以来四十五年、主は語られたとおりに私を生かしてくださいました。ご覧ください。今日、私は八十五歳です。モーセが私を遣わした日と同様に、今も私は壮健です。私の今の力はあの時の力と変わらず、戦争にも日常の出入りにも耐えうるものです。」

「今日、私は八十五歳です」と言うカレブです。それも「主に従い通した」と明言できる日々であったのですから、見事です。それに、ただ生きた！ではありません。あの日から数えて四十五年間「主は語られたとおりに私を生かしてくださいました」と語るのです。何のためにですか。他の者は死に絶えたのに、彼が生き延びたのは何のためですか。カレブにとっては、「あなたの足が踏む地は必ず、永久に、あなたとあなたの子孫の相続地となる。あなたが私の神、主に従い通したからである」という約束の成就を待っての四十五年間でした。この年月を経ても、心に抱いた約束が忘れられることはなかったのです。

しかし、それだけではありません。この約束を与えた神にとっては、この四十五年間は、カレブへの約束を違えずに、ことばどおりに約束を現実のものとするために、彼を生きながらえさせた年月です。約束の実現をその目で見ることを得させずにカレブを死なせるわけにはいかない、とも言える神の側の立場があるでしょう。荒野を旅する間に起こった様々な災害がカレブのいのちを取らなかったのも、彼を生きながらえさせるとの神の配慮あってのことと言えましょう。戦いで敵の手にかかることも、流れ矢に当たるなどということもありませんでした。病気や食中毒などでいのちを落とすこともなく、毒蛇に嚙まれて死ぬこともなく、あるいは地震で地面が割れて多くの人々が呑み込まれたときも、その中にカレブは入らなかったのでした。確かに、生かされて、この日を迎えていたのです。

しかも、気力も、体力も、さらには戦闘心もが少しも衰えていないのですから、驚くばかりです。八十五歳にして、「戦争にも日常の出入りにも耐えうる」と言いきるカレブです。それが口先だけでというのではなく、実力派ということが次の一二節でわかります。

「今、**主**があの日に語られたこの山地を、私に与えてください。そこにアナク人がいて城壁のある大きな町々があることは、あの日あなたも聞いていることです。しかし**主**が私とともにいてくだされば、**主**が約束されたように、私は彼らを追い払うことができます。」

「あの日」、「あの日」と繰り返すカレブです。「あの日」、四十五年前の「あの日」、「私たちはアナク人を見た。私たちの目には自分たちがバッタのように見えたし、彼らにもそう見えただろう」と報告したのは十名の斥候たちでした。しかし、「あの日」も、「必ず占領できる」と言いきっていたのがカレブでした。今、あらためて自分のことばの真実さを実証してみせよう、と言わんばかりです。ただし、「主が私と共にいてくだされば」と、カレブじいさんの強気はどこまでも信仰の強気なのでした。

ここに相対しているヨシュアとカレブ、二人とも信仰の勇者、戦の強者《つわもの》ですが、その性格はずいぶんと違って見えます。ヨシュアは静かです。このヨシュアの前にずかずかと歩み寄るカレブ。彼の周りには子どもたちが集まり、カレブじいさんの自慢話に目を見張って聞き入ります。大きく周りに響くカレブの高笑い！　そんな光景が思い描けませんか。「主が共にいてくだされば」と語るカレブです。彼の自慢話は、自分の手柄話ではなく、神様の自慢話となっていたのではないでしょうか。

カレブに対してヨシュアは応えます。

「ヨシュアはエフンネの子カレブを祝福し、彼にヘブロンを相続地として与えた。このようにして、ヘブロンはケナズ人エフンネの子カレブの相続地となった。今日もそうである。彼がイスラエルの神、主に従い通したからである。ヘブロンの名は、かつてはキルヤテ・アルバであった。これは、アルバがアナク人の中の最も偉大な人物であったことによる。こうして、その地に戦争はやんだ」(一三〜一五節)。

戦いの様子はここに書かれていませんが、「その地に戦争はやんだ」という記述から、ヘブロンもまた約束どおりにカレブの相続地となったことが読み取れるでしょう。

神の約束が四十五年を経て成就するのを見て、どう思われますか。カレブへの約束が、そのカレブの身に成就しました。ヨシュアもまた、章をずっと下ってから読むことになりますが、約束の地を相続していきます。エジプトを出たときには登録された男子は六十万を数えました。そのうちの二人だけが生き延びて約束の地を踏みました。主の約束のとおりになったのです。

いや、約束のとおりにというなら、もっと先から時を数えてもよいでしょう。アブラハムの時より四百年以上を経て、この時に約束の地をアブラハムの子孫が相続したのです。神はアブラハムへの契約を繰り返し語っておられますが、その一つが創世記の一七章七節と八節です。

「わたしは、わたしの契約を、わたしとあなたとの間に、またあなたの後の子孫との間に、代々にわたる永遠の契約として立てる。わたしは、あなたの神、あなたの後の子孫の神となる。わたしは、あなたの寄留の地、カナンの全土を、あなたとあなたの後の子孫に永遠の所有として与える。わたしは彼らの神となる。」

約束の地を与えるということ自体が目的ではありませんでした。アブラハムとの契約の目的は、「わたしが、あなたの神、あなたの後の子孫の神となるためである」と記されていました。神が私たちの神となってくださるしるしが約束の地の相続という出来事だったのです。四十五年後の約束の成就を通して、神はカレブが信じ従った彼の神であることをお示しくださいました。カレブが自分の神を自慢するように、神もまた、ご自身に信頼を寄せて歩み続けたカレブを自慢の民の一人とされたのでありましょう。

　アブラハムから四百年を経て、神はその子孫の神となってくださるという約束を成し遂げ、約束の地にご自分の民を導き入れ、ご自分を礼拝し、ご自分に従う民としてくださったことを知ります。今や、私たちはもっと大きなことを知っています。同じ神が、約束された救い主を送ってくださり、信じる者たちに対して「わたしは彼らの神となる」との約束を成就してくださっているのです。

15　二つの泉

〈ヨシュア一五・一～六三〉

地名、町名でほとんどが埋まるヨシュア記一五章です。カタカナの名前ばかりで、味気ないと言うか、砂を嚙むような、いや、むしろ舌を嚙みそうなところです。けれども、これは、ユダ部族がその夢にまで見た約束の地カナンを分割し、相続している所です。そう見ると、この地名を確認しつつたどっていく作業も、彼らにとっては退屈どころか、感激というか、その興奮は並々ならぬものであったに違いないと想像します。

くじで割り当てられる平地や山地、町や村が自分たちのものとなり、羊を飼い、牛を放つ所となるのです。胸を躍らせて、くじの結果を確認する。その喜びは当事者でないとわからないものでしょう。自分の土地となると地境の杭を打つのに一センチの誤差も許さないほど真剣になる、そんな私たちは異常と思います。けれども、当のユダ部族はこのくじの結果を聞き、そこにある町や村の数も一つ、二つと数えたことでしょう。カタカナの名前を一つ飛ばして読んでも、私たちは平気でしょうが、当人たちは指折り数え、南部の町は二十九、低地の町は十四と、十六と、九という具合に確かめたことでしょう。そんな彼らの気持ちに寄り添って読んでみると、この一五章の味わいも異なるのではありませんか。約束の地カナンとはいっても、東、北、西、南と、大部分は荒地か半荒地です。ユダ部族の相続地の地境は、南は一節から四節に記されています。

「ユダ部族の諸氏族がくじで割り当てられた地は、エドムの国境に至り、その南端は、南の方のツィンの荒野であった。南の境界線は、塩の海の端、南に面する入江からアクラビムの坂の南に出てツィンを過ぎ、カデシュ・バルネアの南を上ってヘツロンを過ぎ、アダルへ上ってカルカへ回り、アツモンを過ぎてエジプト川に出る。境界線の終わりは海である。これがあなたがたの南の境界線となる。」

南は死海南端から半円を描くように南に膨らんだ線を西に引いて地中海まで、となります。真っ直ぐに測って約百六十キロメートルです。東の境界線は簡単です。五節に「東の境界線は塩の海で、ヨルダン川の河口まで」とあります。南北に長い塩の海、死海沿岸が境界線となり、八十キロメートルほどあります。北側の境界線は、「ヨルダン川の河口、海の入江から始まる」。六節からが示すように、山あり谷ありの地です。境界線はときには山並みの稜線をたどり、ときには谷川沿いに引かれ、くねくねと西に向かって続きます。

「その境界線はベテ・ホグラを上り、ベテ・ハ・アラバの北を過ぎる。それから境界線はルベンの子ボハンの石を上る。さらに境界線はアコルの谷間からデビルに上り、谷の南のアドミムの坂の反対側にあるギルガルに向かって北上する。それから境界線はエン・シェメシュの水を過ぎ、その終わりはエン・ロゲルであった。さらに境界線はベン・ヒノムの谷を上ってエブス、すなわちエルサレムの南の傾斜地に至る。」

ここまでで、約三十キロ。

「それから境界線は、ヒノムの谷を見下ろす西の方の山の頂、レファイムの谷間の北の端を上る。さらに境界線は、この山の頂からメ・ネフトアハの泉の方に折れ、エフロン山の町々に出る。それから境界線はバアラ、すなわちキルヤテ・エアリムの方に折れる。さらに境界線はバアラから西へ回ってセイル山に至り、エアリム山の傾斜地、すなわちケサロンの北側を過ぎ、ベテ・シェメシュに下り、ティムナを過ぎる。そして境界線はエクロンの北の傾斜地に出る。それから境界線はシカロンの方に折れ、バアラ山を過ぎ、ヤブネエルに出る。境界線の終わりは海である。」

境界線は地中海まで引かれました。約九十キロです。もちろん、西の境界線はというと、一二節です。「西の境界線は大海とその沿岸である」と。

この底辺が膨らんだ台形の土地、東西に、北のラインで九十キロ、南は百六十キロ。南北には約八十キロほどで、計算しましたら、面積はだいたい一万五千平方キロメートルになりました。「これがユダ族の諸氏族の周囲の境界線である」と、ちょうど岩手県ほどの広さとなります。

そこにある町々の名が、二〇節以下に記されています。それも、南部、シェフェラ（低地）、山地、荒野と分けて、行政区分ごとにというところでしょう。南部の町、つまりエドムとの国境のほうには、二一節から三二節の合計二十九の町々と、これに属する村々の全部。シェフェラ（低地）というのは、地中海に沿っての地域で、南はネゲブから地中海と中央の山地に挟まれた地で、北はシャロンの野に至る肥沃な地です。ここに三組の町があり、最初は十四の町から成り、ついで十六と九つ。そして、四五節から四七節にある町々と村々となります。

山地の町は、五つの組に分かれ、治められていたのでしょう。南はネゲブ、北はエルサレムまでの町々です。

そして、最後の死海西岸の荒野の町々。ここは石灰岩の地で、水は少なく、地は荒れているためか、町は六つのみです。

このように町を数え上げて、「エルサレムの住民エブス人を、ユダ族は追い払うことができなかった。エブス人はユダ族とともにエルサレムに住んだ。今日もそうである」（六三節）と一つの汚点を記します。「今日もそうである」と言います。実際にダビデの時代になるまで、エブス人は、喉元の癌のごとく残り続けていました（Ⅱサムエル五・六〜九、Ⅰ歴代一一・四〜九）。ですから、ヨシュア記の書かれたのは、それ以前となります。書かれた時代判定の鍵となるわけです。「追い払うことができなかった」のです。ユダの相続地の中の一つの汚点、黒点として残り続けるものの存在は、霊的な教訓となりましょう。

私たちも、多くのものを神から受けてきていますが、取り残しをしてはいないか、と問いかけられます。九九パーセントは征服してきたが、残しているものがありませんか。しかも、エルサレムのような肝心のところにエブス人を残すなどという形で、御心に従い損ねていませんか。まるで、癌の病巣を取り残しているかのように。神に向かって生きるのに足枷となるようなものを引きずっていませんか。古き物をすべて追い払ったか。残したままにしていないか。結局、そういったものがいのち取りにならねばよいのですが。

ユダ部族の相続地、譲り受けた町々、村々は以上のリストのとおりです。この相続地の割り当ての出来事の中に、一つのロマンが挟まれています。一五節から一九節です。

「そして彼は、そこからデビルの住民のところに攻め上った。デビルの名は、かつてはキルヤテ・セフェルであった。そのときカレブは言った。『キルヤテ・セフェルを討って、これを攻め取る者に、私の娘アクサを妻として与えよう。』カレブの同族ケナズの子オテニエルがそれを攻め取ったので、カレブは娘アクサを彼に妻として与えた。嫁ぐとき、彼女は夫に、自分の父に畑を求めるようにしきりに促した。彼女がろばから降りると、カレブは『あなたは何が欲しいのか』と彼女に言った。アクサは言った。『私にお祝いを下さい。ネゲブの地を私に下さるのですから、湧き水を下さい。』そこでカレブは上の泉と下の泉を彼女に与えた。」

「キリアテセペルを撃《うち》てこれを取る者には我女子《わがむすめ》アクサを妻に与へん。」このカレブの声を受けて立ったのが、同族オテニエル、その名も「神のライオン」です。名に恥じぬ勇武オテニエルです。それに、父のことばどおりに嫁ぐ娘のアクサのけなげさもまた、良いものです。「嫌だ」とならぬのもオテニエルの魅力ゆえかとも思われます。

そして、老雄カレブ。すでに、「我にヘブロンを」と宿敵アナク人の町を自分のものに、と願い求めたカレブは、一四節に「アナクの三人の息子、シェシャイ、アヒマン、タルマイを追い払った」とあるように、自らの手で、要所を落としておいて、「キルヤテ・セフェルを打ちてこれを取る者には」と宣言するのです。やはり豪傑です。

そのカレブじいさんにアクサという娘あり、これが魅力的な女性であったのでしょう。いや、「でしょう」でなく、「です」と断言しましょう。なにせオテニエルがカレブの一声に奮い立つほど、ということなのです。先陣を切ったのがオテニエルであったということでしょう。他の者も、名乗り出て競い合ったことでしょう。

そんな女性アクサですから、家庭ではさぞかし、カレブは娘自慢の父親だったことでしょう。そういえば、ダビデもまた、同じようにサウル王の約束があって、王の娘を妻にもらうことになります。「あのゴリヤテを倒した者に」とサウル王が与えた約束、「この上って来た男を見たか。イスラエルをそしるために上って来たのだ。あれを討ち取る者がいれば、王はその人を大いに富ませ、その人に自分の娘を与え、その父の家にイスラエルでは何も義務を負わせないそうだ」とのことばを、人々はダビデに伝えていました（Ⅰサムエル一七・二五）。ところが、ゴリヤテを倒したダビデは、「私は何者なのでしょう。私が王の婿になるとは」と辞退します。一方で、サウル王は、娘メラブをダビデに与えるというときになって、メホラ人のアデリエルに妻として与えてしまいます。代わりに、ダビデを愛していた妹のミカルがダビデに与えられることになるのです。

約束どおりにふるまわないサウル王です。こう見ると、カレブはやはり気持ちのいいふるまいを見せています。それに、こんな場面では、徳川家から豊臣家に嫁いだ千姫のことも思い出されます。炎に包まれる大阪城から助け出されるのですが、その際に「助けた者には千姫を」との声に、炎に顔を焼かれながらも助けた者あり。しかし、その醜さに、これには嫁がぬという千姫。実際は、落城の前日に城を抜け出していたという話のほうが信憑性が高いようです。

アクサのこのふるまいは、清々しいものです。約束どおりにオテニエルに嫁いでいく。そのオテニエルは、ヨシュアに続く最初のイスラエルを守り治める士師となっていく人物です。ヨシュア記に続く士師記[*1]に登場します。

こうして、彼に嫁ぐことになるアクサです。

「嫁ぐとき、彼女は夫に、自分の父に畑を求めるようにしきりに促した。彼女がろばから降りると、カレブは『あなたは何が欲しいのか』と彼女に言った」（一八節）。

馬に揺られてでなく、ロバの背に乗って父のもとを離れて嫁いで行くアクサが、もうそのまま行ってしまうかと思われるときに、父カレブの前でロバを止め、降りて来ます。まさに見せ場でしょう。

「あなたは何が欲しいのか」と娘に尋ねるカレブ。これに答えて、「私にお祝いを下さい。ネゲブの地を私に下さるのですから、湧き水を下さい」と、率直に願い出ます。うじうじしないで、願い出るアクサです。こんなところもカレブの娘なのでしょう。それで、上の泉と下の泉との二つの泉を付けて畑を与えるカレブでした。泉を一つと言わずに二つ。それも畑付きです。娘可愛さも手伝ってでしょうが、カレブの気っ風の良いこと。この泉は、自分が戦って得たヘブロンにある泉でしょう。

老雄カレブに加えて、オテニエルに娘アクサ。戦いに武《たけ》き夫と、求めにおいて大胆な妻と、この三人の姿を描いて残してくれているのも、ヨシュア記の中の宝です。

しかし宝というなら、このカレブとオテニエルの戦いに見る信仰こそを宝として尊びたいと思うのです。カレブは、ヘブロンを願い出て、これを打ち取って相続します。あらためて、一三節、一四節を見てみましょう。

「ヨシュアは自分への主の命により、エフンネの子カレブに、ユダ族の中でキルヤテ・アルバ、すなわちヘブロンを割り当て地として与えた。アルバはアナクの父である。カレブはそこからアナクの三人の息子、シェシャイ、アヒマン、タルマイを追い払った。

これらはアナクの子である。」

このヘブロン攻略が信仰の証しの戦いであったことを一四章で見ましたが、もう一度振り返っておきましょう。一四章一二節で、カレブは主なる神の約束を信じて、「今、**主**があの日に語られたこの山地を、私に与えてください。そこにアナク人がいて城壁のある大きな町々があることは、あの日あなたも聞いていることです。しかし**主**が私とともにいてくだされば、**主**が約束されたように、私は彼らを追い払うことができます」と勝利の確信を告げます。「**主**があの日に語られたこの山地を」、「**主**が約束されたように」と「約束」ということばを繰り返します。自らも主の約束を信じて、戦い取っていくという信仰の生き方を示していました。

それに、ヘブロンは先祖ゆかりの土地でもありました。アブラハムが寄留し、その付近に墓地を買った所で、サラ、イサク、リベカ、ヤコブ、レアがそこに埋葬されています。後にはダビデが七年間王であったのもこのヘブロンでした。そういうことでは、彼らにとっては記念となる町でもあったのです。

そのヘブロンを攻め取ったカレブが、今度は一六節で、「キルヤテ・セフェルを討って、これを攻め取る者に、私の娘アクサを妻として与えよう」と、信仰の戦いへと、後に続く者を招いていたとはならないでしょうか。キルヤテ・セフェル、「本の町」と呼ばれるくらいですから、図書館を備えた町であったのでしょう。小さくはないはずです。カレブ自身は、キルヤテ・アルバ、巨人アナク人の町の中でも最も名高い町を攻め取っておいて、「キルヤテ・セフェルを攻め取る者に」と言います。そこに、「アクサを妻に」との話が絡んできて、嫁取り合戦に見えますが、ただ単に「カレブの娘アクサを嫁に得ん」とする願望だけでは、この祝福は手にし得ないものでしょう。アイのように、小さな町にさえ敗北を喫したのです。神の命に背いたアカンの罪ゆえの敗北でした。勝利もまた神への信仰が問われているのです。「キルヤテ・セフェルを討って、これを攻め取る者に」との花婿の条件には、武勇に誉れ高いだけでなく、勝利の主なる神への信仰をこそ備えている者かどうかが同時に問われていたのではないでしょうか。カレブが娘の婿選びに、その者の信仰の姿勢を問わないということがありえましょうか。エジプトを出たイスラエルの民のうち人口登録されていた者はすべて、このカレブとヨシュアを除いては、荒野で死んで約束の地を踏むことができませんでした。導きの主への不信仰のゆえでした。ヨシュアは、ヨシュア記の最終章となる二四章で、信仰に立つことを指導者として民全体に迫ります。

「主に仕えることが不満なら、あの大河の向こうにいた、あなたがたの先祖が仕えた神々でも、今あなたがたが住んでいる地のアモリ人の神々でも、あなたがたが仕えようと思うものを、今日選ぶがよい。ただし、私と私の家は主に仕える」（一五節）。

一言、はっきりと「私と私の家は主に仕える」と宣言するヨシュアですが、信仰ということなら、カレブも同じでありましょう。カレブはことばの人ではなさそうですから、信仰について説得を試みたりはしません。しかし、カレブ流の信仰の継承の仕方を心得ていることになりましょうか。

主なる神を信頼して戦ってみせて、勝利を得る。その同じ戦いに人々を誘い、主への信頼を踏みゆかせる。それも、自分のことでは「信仰の熱心」一つで、ヘブロンを与えられるのですが、主への信仰のもち方に、ときには「アクサを妻として」との思いを混ぜるのです。人の思いも、思惑も、よくよく用いて、信仰の戦いへといざないます。「アクサを何としても妻に」と思うなら、まず「キルヤテ・セフェルを何としても攻略して」となります。そのためには、戦いの主なる神への信頼の熱心と御心への忠実さが問われる、となります。信仰を蔑ろにはできないのです。

これを「人の弱さ」を利用していると、悪く言う必要はないでしょう。むしろ、主なる神の導きの妙なることを思うのです。人の世において、神はご自身のみわざをなさいます。その知恵の豊かさをこそ、ほめたたえるとならないでしょうか。実際に、私たちを救いに、御国に導くために、神はその知恵を尽くし、あらゆる手を尽くされるのではないでしょうか。信仰だけでは、真っ直ぐに神を見上げるのがなかなか困難な者たちでも、主は確かに御国への道を歩ませてくださいます。私たち一人ひとりをよくご存じで、そのうえで、お導きくださるお方ですから。信仰に入ったというか、導かれたのもそうではないでしょうか。日ごとの歩みもまた、そうです。すべてを益とするお方に導かれている確かさを喜ぶことにしましょう。私たちの導き手は、愛と知恵とに富むお方なのですから。

注

1　士師三・九では、カレブの弟ケナズの子オテニエルとあるので、甥ということになります。

16　追い払わずに

〈ヨシュア一六・一～一〇〉

ヨシュア記は、ここしばらく約束の地カナンの相続記事が続きます。それで馴染みのないカタカナ名が続きます。耳に聞き覚えのある音節は、「エリコ」、「ヨルダン川」に、八節の「カナ川」くらいでしょうか。ユダ部族に続いて、この一六章では、ヨセフ族の番となります。ユダの次にヨセフという順序は、実は偶然ではありません。エジプトに下って行った父祖ヤコブの十二人兄弟の四男のユダと十一男のヨセフですが、この二人はヤコブの息子たちの中で最も優れたというか大事にされた子どもたちだったのです。

ヨセフはヤコブの愛妻ラケルの長子です。それでヤコブに最も愛された子でした。後にエジプトの総理にまでなった人物です。それも、事の始まりはヨセフに嫉妬する他の兄弟たちによって奴隷として売られたというところにあり、そこからの出世でした。そんな扱いを受けたヨセフが見せた兄弟たちへの赦しの精神など、一等星並みの輝きを放つのがこのヨセフですし、その人生でした。十二人の兄弟の中でピカイチです。もう一人、ユダのほうは、このヨセフのいのちを救ったことで、ほかの兄弟たちと違った特別な足跡を残していました。兄弟たちがヨセフに嫉妬し、これを殺してしまおうとしたときに、その計画を思いとどまらせ、いのちを救うために奴隷として売ることを思いつき、兄弟たちを説得したのがユダでした。

四百年も前の出来事ですが、ユダとヨセフとはこんな関係にあったわけです。

まずユダ部族、そして次にヨセフとの順で相続地を受けていくことは、それなりの理由があり、決して偶然ではありません。といっても、因縁話でも運命論でもありません。すべてをご存じの、彼らの神、主の御心の現れでした。あのときすべてを導いておられたのも同じ神です。四百年の時代を下った今、くじの順番を導き、この二人が真っ先にくじを引くとなるのも、カナンの中央部を相続していくのも、主の御心にかなっていたという以上に、主の御心の現れでした。くじの行方は決して偶然でなく、主の決定の現れであると彼らが信じて従ったその信仰は尊いものですし、そのくじの結果は、だれもが納得のゆくものであったはずです。「はず」と申し上げたのは、このあと、くじの結果に文句を言いだす部族が出てくるからです。気になる方は、あとで先のほうをお読みください。

さて、ユダ部族は約束の地の南部の要塞の地を取り、ヨセフ族には、カナンの中央部の一等地が、東はヨルダン川から西はシャロンの平野まで割り当てられました。ユダ族とヨセフ族、これら二部族が中心部を取り、その周りや合間には、小さな部族を配置するという具合です。ちょうど、一つがいの親鳥がひなを羽の下に守るような形となりました。それも、ヨセフの弟であるベニヤミンがユダとヨセフとの間に置かれ、これら大きな部族に守られる形となっています。これもまた、ヨセフ、ユダ、ベニヤミンの三人が演じた昔の姿と符合します。このことでも、くじの結果が主のこまやかな配慮によること、主のみがなせるわざと知らされます。つまり、四百年前に、彼らの父祖がエジプトに飢饉で移住することになった折の事件とつながっているのです。

父ヤコブは、その身に危害が及ぶことを恐れて最愛の息子ベニヤミンをエジプトへの食糧調達の旅に出すのを躊躇しますが、そんな父を説得してベニヤミンをエジプトへの旅に連れ出したのはユダでした。途中のあらすじを省きまして、最後の場面を見てみましょう。ユダが必死に、奴隷とされようとしているベニヤミンのためにエジプトの総理に懇願する部分の終わりのところです。ベニヤミンに代わって、自分が奴隷となってエジプトに残るようにしてはもらえまいかと迫るところです。創世記四四章の三〇節から三四節です。

「私が今、あなた様のしもべである私の父のもとへ帰ったとき、あの子が私たちと一緒にいなかったら、父のいのちはあの子のいのちに結ばれていますから、あの子がいないのを見たら、父は死んでしまうでしょう。しもべどもは、あなた様のしもべである白髪頭の父を、悲しみながらよみに下らせることになります。というのは、このしもべは父に、『もしも、あの子をお父さんのもとに連れ帰らなかったなら、私は一生あなたの前に罪ある者となります』と言って、あの子の保証人となっているからです。ですから、どうか今、このしもべを、あの子の代わりに、あなた様の奴隷としてとどめ、あの子を兄弟たちと一緒に帰らせてください。あの子が一緒でなくて、どうして私は父のところへ帰れるでしょう。父に起こるわざわいを見たくありません。」

ヨセフは、この訴えに涙を禁じ得ず、自分が彼らの兄弟であることを明かして、驚きとともに安堵を与えました。ヨセフ、ユダ、ベニヤミン、三者の特別なつながりを知るお方が、くじの行方を導かれました。四百年を経てです。信仰の祝福がわが身一つで終わるのではなく、子孫の霊的祝福に結びつくようにと願わされます。

さて、国境のほうは、まずヨセフ族です。

「ヨセフ族にくじで当たった地の境界線は、エリコのあたりのヨルダン川からエリコの泉の東側へ、そして荒野の方へ向かい、エリコから上って山地のベテルに至り、ベテルからルズに出てアルキ人の領土アタロテを過ぎ、西の方、ヤフレテ人の領土に下り、下ベテ・ホロンの地境、さらにゲゼルに至る。その終わりは海である」（一～三節）。

先に、ユダ部族の北の境界線が死海の北部、ヨルダン川の河口から西に引かれていました。その始点となる河口からエリコまでは、ヨルダン川をさかのぼって、北に十キロほどの距離です。ヨセフ族の相続分は、そのエリコから西に引かれて、この二本の線の間にべニヤミン族の相続地が挟まれることになります。

このヨセフ族は四節に、「ヨセフ族、マナセとエフライムは自分たちの相続地を受け継いだ」とあるように、ヨセフの二人の子、マナセとエフライムとが独立を認められ、それぞれマナセ族、エフライム族となっていました。「積善の家に余慶あり」でしょうか。

ところで、ヨセフの息子、マナセとエフライムですが、マナセが長男で、エフライムは次男です。それが、ここでは弟エフライムの相続地が先に出てきます。弟が兄より先となる。どうしてなのかという説明は、祖父ヤコブの祝福によることでした。そのヤコブの祝福の情景が創世記四八章に記されています。

ヨセフは、ヤコブの前に二人の子どもを連れて行き、自分の右に弟エフライムを、左に兄マナセを置き、父ヤコブからは右の手が兄マナセに、左手が弟エフライムに向き合う形で、近寄らせたにもかかわらず、ヤコブは両手を交差させて祝福しました。そして、「弟は彼よりも大きくなり、その子孫は国々に満ちるほどになるであろう」（一九節）と、弟エフライムを兄にまさって祝福したのです。後のものが先になり、先のものが後になる、との不思議さです。

ユダとヨセフ。四番目と十一番目が先に恵まれたことも、年功序列からはずれた取り扱いでした。長男、次男という順序ではなくて、四男ユダが最初となり、続くのが十一男のヨセフ。そして、ここでは、弟が兄にまさる祝福を受けています。神の祝福は、決して年功序列ではないし、兄が先といった形式的なものでもないのです。

神は、あわれもうと欲するものをあわれむお方です。恵もうと欲するものを恵むお方です。地上的な序列は神の世界では、全く通用しないのです。ぎょっとするような警告を含んでいると受け取れます。地上的な序列に安心は禁物です。用心、用心、です。

と同時に、なるほどと膝を打ちたくなるような主の御旨が感じられます。主のなさりようには、「なるほどね！」と、うなずける理由を見せてもらえることもあるのです。

その弟エフライムの領地についてですが、五節から八節です。

「エフライム族の諸氏族の地域は、次のとおりである。彼らの相続地の領域は東の方、アテロテ・アダルから上ベテ・ホロンに至る。そして境界線は西に向かい、さらに北方のミクメタテに出る。そこから境界線は東に回ってタアナテ・シロに至り、そこを過ぎてヤノアハの東に進み、ヤノアハからアタロテとナアラに下り、エリコに達し、ヨルダン川に出る。また境界線はタプアハから西へ、カナ川に向かう。その終わりは海である。これがエフライム部族の諸氏族の相続地である。」

さらに、九節です。

「そして、マナセ族の相続地の中に、エフライム族のために取り分けられた町々、そのすべての町とそれらの村々がある。」

なぜ、飛び地してまで、エフライムに町々、村々が与えられのか。それは、エフライム族は人口が最大であったためではないかと言われています。けれども、マナセ族のほうも、一七章一一節によると、他の部族の間に飛び地をもっていたことがわかります。ですから、人口が多いということよりも、むしろ別の意図があったと思われるのです。それは、部族間の交わりだったのでしょう。それぞれが自分の領地に引きこもってしまって、交わりを失って孤立化しないための方策と考えられるのです。マナセ族の間にエフライム族が住み、他の人々の間にマナセ族が住む。こうして行き来が保たれ、交わりを密にするための方策であったと思われます。

一つの民族、それも十二人の兄弟に始まった者たちが、こうしてお互いを離れず、仲良く助け合い、励ましを与えるための飛び地政策と見ると、これは実に良策であったことがわかるでしょう。

この九節までは、われわれを喜ばせてくれる記事ですが、一〇節はそれと違って、心を重苦しくしてしまう非常に重い一節です。

「ただし、彼らは、ゲゼルに住むカナン人を追い払わなかった。カナン人はエフライムのただ中に住んだ。今日もそうである。カナン人は強制労働に服すことになった。」

なぜゲゼル人を追い払わなかったのか。カナン人を追い払うこと、それが相続地を受け継ぐ唯一の条件でした。主のお命じになったたった一つの条件です。それができなかった。

いや、なぜしなかったのか。理由は不明です。ただ一言、「カナン人は強制労働に服すことになった」との説明からすると、労働力が欲しいということだったのでしょうか。

何といっても、中央部の広大な領土を相続したエフライム族です。この広大な、しかも肥沃な土地を開拓していくためには、人手が必要となります。それで、彼らを用いようとしたのかもしれません。「強制労働を課せ」が主の指示ではありませんでした。この地の住民をすべて一掃せよ。これが主から受けた命令でした。しかしこれに背いて、彼らは算盤をはじいたということになります。

その結果、どうなったでしょうか。エフライム族は、偶像礼拝を伝染《うつ》されていったのです。この罪を糾弾するために預言者ホセアは遣わされて、告げます。その一部、ホセア書四章一七節から一九節で、エフライムについてこう語ります。

「エフライムは偶像にくみしている。

そのなすに任せるがよい。

彼らは酒を飲んでは、
淫行にふけり、
淫らなふるまいで恥を愛してやまない。

風はその翼で彼らを巻き込む。

彼らは自分たちのいけにえのゆえに恥を見る。」

ホセアの活躍した時代は紀元前八世紀です。ヨシュア記での出エジプトを、仮に紀元前十三世紀とすると、ホセア書は五百年後のものです。これほど時代を下ってのエフライム族の堕落はどこに始まったのですか。残念ながら、「ゲゼル人を生かして利用したほうが得策」という算段が、この堕落の膿を吹き出させたのではないでしょうか。「彼らは、ゲゼルに住むカナン人を追い払わなかった」と一言記された汚点が、偶像をなすがままに放置し、エフライム部族の宗教的腐敗を生んだのです。

ユダ族も同じです。ホセア書五章一三節と一四節にこうあります。

「エフライムは自分の病を見た。
ユダは自分の腫れものを。
エフライムはアッシリアに行き、
大王に人を遣わした。
しかし、彼はあなたがたを癒やすことができず、
あなたがたの腫れものを治せない。」

エフライム族とともに、ユダ族も腐敗しているのです。ユダ族は、エブス人、それもエルサレムに住むエブス人を追い払うことができませんでした。そのことが一五章六三節に書き留められています。エフライム族とユダ族。この二つを一五章、一六章と読み重ね、両方ともですが、最後の一節に記された重苦しい響きを警告として聞き取っておきたく思

います。ユダ族にしろ、ヨセフ族にしろ、その中でもエフライム族となれば、いわばイスラエルの十二部族中の名門を誇る彼らにして、最後に汚点を残すとは残念なことです。それは、単に残念という以上に、警告として読み落としてはならないものです。

エルサレムのエブス人。ゲゼルに住むカナン人。共に一点のシミです。占領すべき多くの町の中でたった一つの町を残しただけでした。「一つにすぎない。一つくらいなら、全体から見たら、取り残そうとも同じこと。すぐに消える」とでも思ったのでしょうか。もっとも、一つであれ、これを攻め取るには剣を手にしなければならないことです。「何の、一つの町くらい。これを攻めて怪我をするよりも、生かしておいて」と、手をもむ心を用心しなければならないでしょう。計算高い思いが彼らの目の前のゲゼル人たちをそのままにさせたのでしょう。主の命令に逆らうものなのに。

こんな町の一つくらい放っておいても、といって、ついには偶像礼拝に呑み込まれ、神のさばきの手に落ちることになるエフライム。ユダもです。聖絶すべきものを残して自分たちが聖絶されるべきものとなり、地の表から消えていくことになる。この汚点を残したのがユダ、エフライムの人たちでした。一番立派に、一等模範的にことを行うべきものであるのに。巨大な部族エフライム族が腐敗し倒壊していくのです。かえって、その巨大さゆえに、小さなシミを恐れず、用心せず、平気でいられたのでしょう。そこに本当の危険が潜んでいると言えませんか。

クリスチャンの世界で、立派な人物とみなされていた人がどれほど、みっともなく腐れて倒れていったことでしょう。その根は一つ。「こんな町一つくらい」です。こんなことくらいでは大丈夫と見た小さなことが、いかにいのち取りになっていくことでしょうか。最も賢いユダ、最も強くあるべきエフライム族にして、この失敗です。最初が肝心なのです。この初めの時に徹底してカナン人を追い払っていたならば、悔いを後に残すことにならずにすんだのではないでしょうか。私たちも同じです。最初に徹底的に掃除することこそ、神の民として生きる者の使命です。

「信じていればいいんですよ。それくらい。いや、実は私だって」などというのは、親切なアドバイスではなく、むしろ罠となるものです。「それくらいいいですよ」と言えたらば、教会員の数は倍増するかもしれません。しかし、内側を腐敗だらけにしたままですと、やがて膿を吹き出して倒れることになるのです。

「それくらい」とのことばは、兄弟を愛することにはなりません。主イエスはこれをパン種にたとえられました。「パリサイ人のパン種、すなわち偽善には気をつけなさい」（ルカ一二・一）と警告されます。「偽善」というパン種一つまみで、全体は発酵し始め、変わってしまいます。罪を内に隠したまま、放置したままでの生き方です。危険です。

主の弟子パウロは、コリント人への手紙第一、五章六節で、「あなたがたが誇っているのは、良くないことです。わずかなパン種が、こねた粉全体をふくらませることを、あなたがたは知らないのですか」と、高慢というパン種を内にもつ者たちに警告を発していま す。続けて七節では、「新しいこねた粉のままでいられるように、古いパン種をすっかり取り除きなさい。あなたがたは種なしパンなのですから。私たちの過越の子羊キリストは、すでに屠られたのです」と勧めます。「新しいこねた粉のままでい」なさいと言います。私たちの中の古きパン種を取り除けと言います。クリスチャン生活のすべてを腐敗させていくパン種を放ったままにしておいてはならないのです。

「千里の堤も蟻の穴から」です。小さなことを見逃すことのないように。それには、「パン種に気づかせてください」との祈りも必要となりましょう。パン種などないつもりでいて、高慢というパン種を潜めていることもありそうですから。

一歩一歩の従順な歩みが尊いのです。みことばに「はいっ」と応えて従って行く。不従順に祝福はついて来ない、と知るべし。

私たちは主の花嫁なる教会です。キリストが私たちのために義となり、聖となり、贖いとなってくださいました。そのために「過越の子羊キリストは、すでに屠られた」のです。

17　山地と平地

〈ヨシュア一七・一〜一八〉

ヨセフの二人の息子の二番目は、ちょうどエジプトでの七年の豊作の折に生まれたので、エフライム「実り多い」と名づけられ、もう一人の長男のほうは、マナセ「忘れる」と名づけられました。ヨセフ自身は風雲児のような人生を送りましたが、その苦難の日々を忘れるように、というのでしょう。そのマナセがここに出てきます。マナセの子マキルは「売られた」という意味です。これも、ヨセフおじいさんにちなんで付けられた名前でしょう。ヨセフの孫にあたるマキルは名立たる戦士であり、ヨルダン川の東岸に相続地をもっていました。

「マナセ部族の地は次のとおりにくじで割り当てられた。マナセはヨセフの長子であった。マナセの長子で、ギルアデの父であるマキルは戦士であったので、ギルアデとバシャンが彼のものとなった」(一節)。

しかしこれだけでなく、マナセ族の長子であるマキル以外の氏族は、ヨルダン川の西岸にも土地を得ていました。

「残りのマナセ族の諸氏族、すなわち、アビエゼル族、ヘレク族、アスリエル族、シェケム族、ヘフェル族、シェミダ族にも割り当てられた。これはヨセフの子マナセの、男の子孫の諸氏族である」（二節）。

続く三節に、「マナセの子マキルの子ギルアデの子ヘフェルの子ツェロフハデには、息子がなく娘だけであった。娘たちの名はマフラ、ノア、ホグラ、ミルカ、ティルツァであった」と、二節に挙げた第五番目のヘフェル族のツェロフハデには、娘だけで息子がいなかったとあります。娘たちの名前がずらりと五人「マフラ、ノア、ホグラ、ミルカ、ティルツァ」と揃います。五人娘です。ちなみに、長女マフラは「竪琴」で、次女ノアは「揺れる者」で、三女ホグラは「主の祭り、踊り」で、四女ミルカは「女王」で、最後のティルツァは「情け深い」という意味です。身近な名前に置き換えられるのは、琴音さん、揺子さん、踊子さん、滋子さん、といったところでしょうか。華やかな女性の登場場面となります。

「彼女たちは、祭司エルアザルとヌンの子ヨシュアと族長たちの前に進み出て言った。『**主**は、私たちにも自分たちの親類の間に相続地を与えるよう、モーセに命じられました。』ヨシュアは**主**の命により、彼女たちにも、彼女たちの父の兄弟たちの間に相続地を与えた。マナセには、ヨルダンの川向こうのギルアデとバシャンの地のほかに、十の割り当て地があてがわれた。マナセの女の子孫が、男の子孫の間に相続地を受け継いだからである。ギルアデの地はマナセのほかの子孫のものとなった」(四〜六節)。

マナセは特別扱いです。五人の娘がたもとを翻して、祭司エルアザル、総大将ヨシュア、それに並みいる族長たちの前に進み出て、相続地を、と申し出る。「主はモーセに命じられました」と言っているように、民数記二七章の一節から一一節に記されている約束に基づく取り扱いです。約束はあったのですから、そうなるはずですが、ここでそれを自ら申し出て受け継いでいくとは、なかなかの五人娘です。

こうして七節から一〇節、地目の線引きがなされます。

「マナセの境界線はアシェルからシェケムに面したミクメタテである。その境界線は南へ、エン・タプアハの住民のところに行く。タプアハの地はマナセに属していたが、マナセの境界のタプアハはエフライム族に属していた。そして境界線はカナ川を下る。マナ川の南側にある町々は、マナセの町々の間にはあるが、エフライムに属している。マナセの地域は川の北側にある。その終わりは海である。その南はエフライムのもの、北はマナセのものである。また海がその境界である。マナセは北でアシェルに達し、東でイッサカルに達する。」

これはカナン中央部の北半分です。南は弟のエフライム族が取っている。その北、ガリラヤ湖のすぐ南まで、地味の最も肥えていた土地です。最高の土地を得たのに、あとで不平をもらします。その前に、一一節を見ると、こうあります。

「イッサカルとアシェルの中にある、ベテ・シェアンとそれに属する村々、イブレアムとそれに属する村々、ドルの住民とそれに属する村々、エン・ドルの住民とそれに属する村々、タアナクの住民とそれに属する村々、メギドの住民とそれに属する村々はマナセに属している。その三番目は高地である。」

すべて北側に六つの飛び地を得たのです。

「しかし」と一二節です。ここに再び残念な文字を見なければなりません。

「しかしマナセ族は、これらの町々を占領することができなかった。カナン人はこの地に継続して住んだ。イスラエル人が強くなったときにはカナン人を苦役につかせたが、彼らを追い払うことはなかった」(一二～一三節)。

「すべてを追い払え」と命じられていたのに、「マナセ、おまえもか」なのです。不信仰、不忠実なマナセ族です。それが堕落につながり、ときにいのち取りになっていくのを知っている読み手にとっては、残念な記述です。

ここで終わっていたら、それでもまだ良かったのですが、ついにヨセフ族は汚点を残してしまいます。

「ヨセフ族はヨシュアに告げた。『あなたはなぜ、私にただ一つのくじによる相続地、ただ一つの割り当て地しか分けてくださらないのですか。これほど数の多い民になるまで、主が私を祝福してくださったのに』」(一四節)。

ヨシュアに対して口を尖らせたのです。とうとう、先祖ヨセフの名を汚してしまいます。ヨセフ族といえば、欲張り屋、威張り屋、不平屋と言われることになるのです。「ただ一つのくじによる相続地」では狭い、足りない、と言って出たのです。

けれども、ヨセフ族は二部族分もらっていました。それも、ヨルダン川の西岸では最も肥沃な地を得たうえで、さらにヨルダン川の東岸にも、マナセの半部族は土地を得ていたとなると、数えてみれば、東に一つ、西に二つと、三か所もの土地を得たとなります。それでも、足りないと言う。もっている者は汚い。もつほどに汚くなる、ということでしょうか。

彼らは、「これほど数の多い民になるまで、主が私を祝福してくださった」と言います。「人口が多い」、だから土地が狭い、と。しかも、これは「主が祝福してくださったので」とは、この数の多さに応じて土地を与えることも主の御心である、と言いたいのでしょう。主がヨセフ族の人口をこれだけ増やしてくださったのに、土地を十分に与えないとは、人間の側の不備ではないか、という理屈でしょう。

でも、民数記二六章の第二回人口調査の結果は、エフライム族三万二千五百人、マナセ族五万二千七百人でした。マナセ半部族が西側にいるのですから、西側のヨセフ族はあわせて五万八千八百五十人となります。確かに大きな部族です。でも、ほかの部族の数も見てください。イッサカル族さえ、六万四千三百人となっています。ダン部族も六万四千四百人です。ほかよりずっと多いとは言えないばかりか、もっと多い部族もあったのに、その割り当て地は小さいのです。広大な地を五万九千人ほどで相続したとなると、他の部族のほうから文句、不平の声が上がっても不思議でないほどです。

それが、一番多くをもつ者が不平を吐いたのです。他の部族の分を削って、自分によこせ、と。「数の多い民」とはいうものの、それもうぬぼれにすぎないのでして、他と同じほどなのに、こう言っています。いかに思い上がった部族であることか。

ヨシュアも、実はこのヨセフ一族の一員だったのです。こう見ると、彼らは同族のよしみで、なんとか言うことを聞かせようと迫ったのではないでしょうか。しかし、ヨシュアはきっぱりと言います。

「あなたが数の多い民であるのなら、森に上って行きなさい。そこでペリジ人やレファイム人の地を切り開くがよい。エフライムの山地はあなたには狭すぎるのだから」（一五節）。

こう冷静に皮肉っています。「エフライムの山地はあなたには狭すぎるのだから」と。ヨシュアの口からこの皮肉です。親類の言って出たわがままに対して、これを憎んでのことでしょう。同部族のことだから、かえって口調が厳しくもなったのでしょう。しかしながら、高ぶる者には、この皮肉も通じません。まともに、ヨシュアのことばを受けて、一六節でこう答えます。

「山地は私たちに十分ではありません。しかし、平地に住んでいるカナン人はみな、ベテ・シェアンとそれに属する村々にいる者も、イズレエルの平野にいる者も、鉄の戦車を持っています。」

これは何という返事でしょうか。「山は狭い。平地は怖い」と言うのです。このヨセフ族は、自分たちは数は多い、主の祝福で巨大な部族になった、と言ったかと思うと、まるっきりの弱腰、うどの大木で、「敵はみんな戦車をもっています」と言い、もっと手軽なところを、労せずに手に入るようなところを下さい、と言うのです。困りものです。割り当て地のほかに、平地でお気に入りの土地があったのでしょうか。あったにしても、それはヨセフ族のものではなく、他の部族たちのものとして割り当てられるべきものなのです。ヨシュアは答えます。

「あなたは数の多い民で大きな力がある。あなたには、くじによる割り当て地が一つだけではいけない。山地もあなたのものとしなければならない。それが森だとしても切り開いて、その隅々まであなたのものとしなさい。カナン人が鉄の戦車を持っていても、強くても、あなたは彼らを追い払わなければならない」（一七～一八節）。

相手は強い。確かに戦車までもっていて手強いのです。しかし、相手が強いからこそ、最も強大と自負するあなたが追い払え、と命じるのです。自分でやりなさい、と。

それにしても、名門ヨセフ族の見せたこの汚点。むしろ、他山の石とすべきものです。

「ヨセフ」という傲慢さ、嫉妬深さ、このような性質を私たちももち続けています。それに、根っからの怠惰さが自分のことでは気になります。

ヨセフ族は、十分に強く大きな部族にして広大な土地を、しかも肥沃な一等地を得ていたのに、この不平不満でした。しかも、自分は何もしないで、指一本動かさずに、懐手で「これでは足らんから、もっと別の場所もよこせ」と言うのです。「山地も嫌。谷も嫌。切り開くなんて苦労の多い場所、森も嫌。平地を、それも敵のいない場所を自分たちに」と言う。これはあまりにも身勝手です。

「よこせ、よこせ」と言う。まるで、これではゆすりです。小さくて弱い部族が「あの谷を取りたいのですが、手助けを」とでも言ってくるのなら、「一緒に戦いましょう」という気持ちにもなりましょう。代わって戦ってあげましょうか、ということにさえなりましょうか。ところがこのヨセフ族は、「私たちは大勢の民です。土地が足りない」と脅しているようなものです。

他方、ヨシュアの気持ちの良い返答を聞いて、すっきりしました。やはり公正無私の指導者です。懐手でもっとよこせと言うヨセフ族。これは憎らしい姿です。

ところで、このヨセフ族の姿は他人事ではありません。私たちもまた、神様をさえゆする者ではありませんか。懐手で、何もしないで、ただ上を向いて神に恵みを下さい、と言うだけの者はだれでしょうか。いや、無代価でいただけるのが、恵みというものだそうですから、ただでいただきたいのです、と理屈までこねそうです。

目の前の戦いをいっさい放棄して、ヨセフ族は良い地を欲しがりました。労することを惜しんで、平地を欲しがりました。これは、キリストの十字架を負わずともよいとする生き方に通じます。自分の十字架をかなぐり捨て、負おうとしないで、ただ恵みだけを願い求めるとなると、このヨセフ族と同じではありませんか。

「だれでもわたしについて来たいと思うなら、自分を捨て、日々自分の十字架を負って、わたしに従って来なさい。自分のいのちを救おうと思う者はそれを失い、わたしのためにいのちを失う者は、それを救うのです」と、私たちの主が言われたことを思い出しませんか。しかも、主イエスはご自分の十字架について、「人の子は多くの苦しみを受け、長老たち、祭司長たち、律法学者たちに捨てられ、殺され、三日目によみがえらなければならない」とお話しになったうえで、弟子たちに「自分を捨て、日々自分の十字架を負って、わたしに従って来なさい」とお話しになりました。ルカの福音書九章二二節から二四節です。

ヨセフ族の誤りはどこにあったと思いますか。戦いをやめた時というか、戦うことを放棄したときに道を踏みはずしていたのです。約束の地の相続は、単なる陣取り合戦ではありませんでした。「信仰によって」ということが最初から求められ、教訓とされた信仰の戦いなのです。カレブが申し出たヘブロンのような強大な町であっても、主が戦ってくださるなら、と相続して行くべきものでした。ヨセフ族が放棄したのは、単なる戦ではなく、主が共に戦ってくださる信仰の戦いだったのです。

この約束の地の相続の出来事を「信仰の戦い」と受けとめ直すと、戦いを放棄したときに、罪が鎌首をもたげてくることに気づきます。貪欲の罪に捕らえられたヨセフ族です。その言い分の独り善がりなことにも気づかない愚かさにも陥っています。ヨセフ族に欠けていたのは、戦う力ではなく、戦う信仰でした。「われらを戦わせたまえ。戦車の谷にも、深き森にも、険しき山地にも、主よ、われに伴い、戦わせたまえ」との姿勢こそが欠けていたのではありませんか。たとい相手がアナク人のような強大な敵であっても、勝利の主の指揮の下で戦いゆく信仰を必要としていたのです。

一等地を得ていながら、狭いのなんだのと文句を言うヨセフ族でした。主の定めてくださった地境です。それだけでも、「私たちに、最もふさわしい地が与えられた」と受け取れるはずです。主のお与えくださった恵みの十分さにも気づけないほどに、うぬぼれと愚かさにはまり込んでいたのです。狭いと言うなら、戦い取れ、です。それも、ひとりで戦え、ではなくて、主が伴ってくださる戦いです。それが、自分の力を誇る彼らに、戦車の配備された強大な地を割り当て与えた主の御心でしょう。

そういえば、主イエスは「わたしのくびきは負いやすく、わたしの荷は軽いからです」

と告げて、弟子たちに「わたしは心が柔和でへりくだっているから、あなたがたもわたしのくびきを負って、わたしから学びなさい。そうすれば、たましいに安らぎを得ます」と約束されました。マタイの福音書一一章二九節と三〇節です。

主の負わせた荷はヨセフ族に重過ぎたわけではないのです。学ぶ機会でした。信仰の歩み方を、主に信頼して歩む生き方を。私たちにとっても同じです。日々の十字架を負い直すことを軽んじないように。それこそ、信仰をもって、主について行くことが学べるのですから。

18　怠らず、熱心に

〈ヨシュア一八・一～二八〉

礼拝所の移転の出来事に始まるのが、このヨシュア記一八章です。移動用に造られていた「会見の天幕」を、国の真ん中に移すことになります。これまでの、いわば大本営、ギルガルからシロへの移動です。一節に、「イスラエルの子らの全会衆はシロに集まり、そこに会見の天幕を建てた。この地は彼らに服していた」とあります。画期的な出来事です。新しい時代の幕開けを象徴する出来事です。約束の地にしっかりと足をついて、その歩みを神礼拝中心に進めていこうとの新たな思いを定める出来事となるものです。

シロはエルサレムの北方三十キロメートル余りのところにあります。約束の地の中央に位置しています。ですから、どこから来ても便利が良いようにと選ばれたのでしょう。それに、ユダヤ人歴史家のヨセフスは、シロが美しい町であったと記しています。円形劇場のような自然の地形が備わっていたことも、多くの民が集まるには都合が良いとされたのでしょう。神の幕屋を建て、礼拝をする場所としてふさわしいところと見て、ヨシュアが選んだ町です。その町の名前シロとは、「平安」、「安心」、「休息」、「憩い」という意味のことばです。そういえば、前の大本営があったギルガルとは、五章九節で「主はヨシュアに告げられた。『今日、わたしはエジプトの恥辱をあなたがたから取り除いた。』それで、その場所の名はギルガルと呼ばれた。今日もそうである」と、名前の由来が記されていますが、ギルガルは「転がす」の意ですから、戦いに南に北に西にと出陣するように、よく似合った名前と言えましょう。ギルガルは、ヨルダン川を渡ったところに設けられた最初の戦いの拠点でした。そのギルガルからシロまでは西北に三十キロです。この距離を、神の幕屋を運び移動させるのです。大切な神の契約の箱を運び移すという出来事ですから、厳かに行われたことでしょう。

すべての部族の中央に位置するシロに神の契約の箱が置かれて、そこが礼拝の場所となる。ヨシュアの信仰の姿勢そのものです。神を自分の歩みの真っ正面に見て進んで来たヨシュアが、ここで神礼拝こそイスラエルの存在の中心ということを、約束の地の中央に位置するシロを礼拝所とすることを通して人々に示したことになります。

これでこそ、神に従い、神を喜ぶ者の姿です。神様を、神礼拝をすべての真ん中にどんと据えてしまうことです。信じて生きるという姿勢を決めてしまうことです。*1 地上の人生を神礼拝に始まる一週間とする、と決めて歩むことにもつながります。

プロテスタントの教会では、万人祭司との教えが説かれています。ヨハネの黙示録の一章五節後半と六節に、「私たちを愛し、その血によって私たちを罪から解き放ち、また、ご自分の父である神のために、私たちを王国とし、祭司としてくださった方に、栄光と力が世々限りなくあるように。アーメン」とあります。キリストが「私たちを愛し、その血によって私たちを罪から解き放」ってくださった目的の一つが、私たちを「神のために祭司とするため」であったのですから、神に仕えることで重要な礼拝に熱心であって、やっと主の御愛に応える者となれているということなのです。

ヨシュアは、シロに礼拝所を移します。そして、神礼拝中心であってこそ、それがイスラエルの歩むべき道と教え示します。この出来事を、一七章の出来事の後に続くものとして読みつなぐと、なぜこの時なのか、という問いの答えが見えてきそうな思いがします。最強の部族であるヨセフ族が要求した、「もっと手軽なところをよこせ」との事件がありました。一等地を得ていながら、狭いのなんだのと文句を言うヨセフ族でした。約束の地を相続することとは、これを与えてくださる神への信頼、つまり信仰と切り離せない事柄でした。相続のための戦いは、信仰の戦いでもあったのです。イスラエルの全会衆をシロに集め、そこに会見の天幕を建てたのは、約束の地を受け継ぐことが信仰のわざであることの再確認であり、新規蒔き直しを図るためであったと思わされます。

ここまでは、シロに礼拝場所を移したことの意味を考えてみましたが、さらに現実的な問題に対処しようとするヨシュアを見ていくことにしましょう。

「イスラエルの子らの中に、相続地を割り当てられていない七部族が残っていた。ヨシュアはイスラエルの子らに言った。『あなたがたの父祖の神、**主**があなたがたに与えられた地を占領しに行くのを、あなたがたはいつまで延ばしているのか』」（二〜三節）。あのもの静かなヨシュアからの叱咤激励といったところでしょうか。「いつまで延ばしているのか」と告げます。全土平定には七年[*2]ほどの戦いの日々が続いたと見られます。ですから、戦に疲れていたということも理由の一つでしょうか。あるいは、戦力、実力の点で劣っていたので、これらの七部族は戦いに出るのを躊躇していたのではないでしょうか。とにかくヨシュアは、具体的に指示を与えます。七部族から各三人を調査隊として出させ、二十一名の人々に占領すべき地の原図作成にあたらせました。

「『部族ごとに三人の者を出しなさい。私は彼らを送り出そう。彼らが立ち上がってその地を行き巡り、自分たちの相続地にしたがってその地について書き記し、私のところに戻って来るためである。彼ら自身でそれを七つの割り当て地に分割しなさい。ユダは南にある自分の地域にとどまり、ヨセフの家は北にある自分の地域にとどまる。あなたがたはその地の七つの割り当て地を書き記し、私のところに持って来なさい。私はここで、私たちの神、**主**の前で、あなたがたのためにくじを引こう。しかし、レビ人はあなたがたの間に割り当て地を持たない。**主**の祭司として仕えることが彼らへのゆずりだからである。ガドとルベンと、マナセの半部族は、ヨルダンの川向こう、東の方で自分たちの相続地を受けている。主のしもべモーセが彼らに与えたものである。』

その人たちは立って出て行った。その際ヨシュアは、その地について書き記すために出て行く者たちに命じた。『さあ、あなたがたはその地を行き巡り、その地について書き記し、私のところに帰って来なさい。ここシロで、主の前で、私はあなたがたのためにくじを引こう。』その人たちは行って、その地を巡り、それぞれの町を七つの割り当て地に分けて書物に書き記し、シロの宿営にいるヨシュアのもとに来た。ヨシュアはシロで、すなわち主の前で、彼らのためにくじを引いた。ヨシュアはそこで、彼らへの割り当てにしたがって、その地をイスラエルの子らに分割した」（四～一〇節）。

ヨシュアが送り出したのは調査隊です。戦の時なら、偵察隊や斥候となるところですが、約束の地の平定のための戦いは終わっています。残るは、それらを所有するための戦いであって、送られたのは調査隊です。状況は大きく変わってもいました。

先に割り当て地を得た二部族、ユダとヨセフは重りのようにどっしりと中央部を占めています。ユダが南側で、ヨセフが北側を占領していますから、その大きな部族の周りと間に、七つの部族が配置されることになります。この一八章では、ベニヤミン族がくじを引き、次の一九章で、残りの六部族に、シメオン部族、ゼブルン部族、イッサカル部族、アシェル部族、ナフタリ部族、ダン部族に相続地が決定されます。

まず、一一節、「ベニヤミン部族の諸氏族のくじが引かれた。くじで当たった彼らの地域はユダ族とヨセフ族の間にあった」となります。ちょうど大部族の間です。中央部にあるヨセフ族とユダ族に挟まれるように、最も安全な地を得るのです。しかも、そこは地味の肥えた土地でもありました。これがベニヤミン族のものとなります。ちなみに、ベニヤミンの名前は今日も人々の愛するところとなって、よく使われてきました。ベンジャミン、ベンくんです。ベンジャミン・フランクリンに、ベンジャミン・ウォーフィールドという大聖書学者もいます。

このベニヤミン族の出では、イスラエル最初の王サウルがおり、大使徒パウロもまたベニヤミン族でした。イスラエルの中では名門の部族と言えましょう。ベニヤミンという名前の意味は「右手の子」です。右の手は大きな祝福をもたらす手です。ヤコブが、ヨセフの二人の子、マナセとエフライムに対して、両手を交差させて、弟の上に右手を置き、より大きな祝福を与えたことを思い起こします。右の手は幸い、祝福を意味するものですから、さしずめベニヤミンとは幸福の幸の字を取って「幸雄《ゆきお》」くんとなりましょうか。ヤコブの愛妻ラケルの二人目の子で、その兄はヨセフです。しかも、母ラケルは出産の折に亡くなっています。ヤコブにとっては忘れ形見のベニヤミンです。兄ヨセフがエジプトに売られてからは、父ヤコブはことさらに舐めるごとくに、これを愛しました。今こうして、ベニヤミン族が、その母を同じくするヨセフ族の隣に相続地を得ることになるのです。もっとも、ヨセフ族とユダ族の間に挟まれた小さな土地です。けれども、小さくとも良かったのです。ベニヤミン族は最小の部族ですから。しかし、そこは肥えていて、最も安全と見える土地でした。

その領域は一二節から二〇節に記されます。

「北側の境界線はヨルダン川から始まる。その境界線はエリコの北の傾斜地に上り、西の方へ山地を上る。その終わりはベテ・アベンの荒野である。さらに境界線はそこからルズに向かい、ルズの南の傾斜地を過ぎる。ルズはベテルである。それから境界線は、下ベテ・ホロンの南にある山の近くのアテロテ・アダルを下る。さらに境界線は折れ、西側を、ベテ・ホロンの南向かいの山から南へ回る。その終わりはユダ族の町キルヤテ・バアル、すなわちキルヤテ・エアリムである。これが西側である。南側はキルヤテ・エアリムの外れを起点とする。その境界線は西に出て、メ・ネフトアハの泉に出る。さらに境界線は、レファイムの谷間にあるベン・ヒノムの谷を北から見下ろす山の外れへ下り、ヒノムの谷をエブスの南の傾斜地に下り、エン・ロゲルを下り、北の方に折れ、エン・シェメシュに出て、アドミムの坂の反対側にあるゲリロテに出て、ルベンの子ボハンの石に下り、アラバに面する傾斜地を北へ進み、アラバに下る。そして境界線はベテ・ホグラの傾斜地を北へ進む。境界線の終わりは塩の海の北の入江、ヨルダン川の南端である。これが南の境界である。ヨルダン川が東側の境界線である。これがベニヤミン族の諸氏族の相続地であり、その周囲の境界線である。」

東西に約四十五キロ、南北に約十九キロの長方形の相続地です。東京都が東西に約八十キロ、南北に二十キロくらいですから、その約半分という広さです。そこに二一節から二八節の町々、村々があります。まず筆頭にエリコです。

「ベニヤミン部族の諸氏族の町々はエリコ、ベテ・ホグラ、エメク・ケツィツ、ベテ・ハ・アラバ、ツェマライム、ベテル、アビム、パラ、オフラ、ケファル・ハ・アンモニ、オフニ、ゲバ。十二の町とその村々。ギブオン、ラマ、ベエロテ、ミツパ、ケフィラ、モツァ、レケム、イルペエル、タルアラ、ツェラ、エレフ、エブスすなわちエルサレム、ギブア、キルヤテ。十四の町とその村々。これがベニヤミン族の諸氏族の相続地である。」

このようにベニヤミンへの相続地が決まって、残り六部族分となります。

ヤコブの十二人の息子たちの中で、末っ子のベニヤミン族。最小の部族です。しかし、祝福されたものとして、大切にふところに匿《かくま》われるがごとくに、大ヨセフ族とユダ族の間に相続地を得ました。小さいとはいえ、彼らのものとなった町の中には、美しい棕櫚《しゅろ》の町エリコ、アブラハムとヤコブにゆかりの地ベテル、またエルサレムもあります。

このくじの結果には、偶然とかではない、歴史を支配される神がなされたことと受けとめるべきことが隠れています。申命記三三章に、モーセは、死を前にして十二部族への祝福を残しています。その一二節に「ベニヤミンについては、こう言った」とあり、その内容は、「**主**に愛されている者。彼は安らかに主のそばに住まい、主はいつも彼をかばう。彼は主の背中〔肩の間〕に負われる」[*3]とあります。

まさに、主の背中、両肩の間であるかのような、ユダとヨセフの間に守られて、平穏に住まうとなっているのです。もっとも、この後半部は、逆にも読めて、口語訳では「主は終日、彼を守り、その肩の間にすまいを営まれるであろう」と訳しています。住まうのは主のほうと読むと、両肩の間とはちょうど主の神殿の置かれることになるエルサレムを囲む山並みとなるとの解釈[*4]も見られます。どちらにしても、ベニヤミン族は、「安らかに」できる相続地を得ていることは確かです。

さて、この一八章を振り返ってみて、気になるのは、三節です。

「あなたがたの父祖の神、**主**があなたがたに与えられた地を占領しに行くのを、あなたがたはいつまで延ばしているのか。」

「いつまで延ばしているのか。」ヨシュアのこの一言、黙って見ていられないとの思いがのぞいています。神が与えてくださった地に、なぜ行かないのか。約束を手にするのに、なぜ、どうして、そんなに熱意がないのか、と。自分たちは強大であると自負するヨセフ族ですら、戦いは嫌だ、戦車が怖いと言いだしたのですから、他の部族が二の足を踏むとしても、無理からぬことでしょう。もしかすると、ヨセフ族の見せた弱腰が、他の部族に伝染したのでしょうか。

「あなたがたの父祖の神、主があなたがたに与えられた地」とヨシュアは言います。「あなたがたの父祖の神」とは、「アブラハム、イサク、ヤコブの神」ということです。その主なる神が、お約束どおりに「与えられた地を占領しに行くのを、あなたがたはいつまで延ばしているのか」と、ヨシュアの内に秘めていた主への熱心が、こう言わせるのでしょう。

神がご自身の約束に真実で、ご自分の民を忘れずに、ここまでも荒野での忍耐の日々を重ねて、約束の地に導いてくださり、「さあ、どうぞ」という段取りにまでなっているのに、肝心の受取人がぐずぐずしています。与えてくださり、目の前にあるのに、手を出さないのです。それで、ヨシュアは調査隊を派遣し、「その人たちは行って、その地を巡り、それぞれの町を七つの割り当て地に分けて書物に書き記し、シロの宿営にいるヨシュアのもとに来た」のです。ヨシュア記の一四章九節には、こうあります。

「その日、モーセは誓いました。『あなたの足が踏む地は必ず、永久に、あなたとあなたの子孫の相続地となる。あなたが私の神、主に従い通したからである。』」

「足が踏む地」です。ヨシュアは、調査隊を現地に送り、相続地となるところを実際に踏ませました。調査報告書には、どんなことが書いてあったのでしょう。町の大きさ、畑や、放牧地や、水源や、その地の産物なども確かめて来たでしょう。調査隊の派遣はヨシュアの知恵でしょうか。それとも、主よりの指示があったのでしょうか。どちらにしても、これで相続すべき地の様子ははっきりとわかったことでしょう。占領しに行くのを延ばし延ばしにしていたのは、主が与えてくださるものが見えていなかったことによるのでしょうか。

はっきりと見えていなくて、熱心となれないということがあるでしょう。主イエスが用意してくださった救いの恵みも同じでしょう。見えていないと熱心に求めないのです。主の下にあるとわからないのですから。怠らず、熱心に主の救いを求めるために、見える目が必要です。

「どうか、私たちの主イエス・キリストの神、栄光の父が、神を知るための知恵と啓示の御霊を、あなたがたに与えてくださいますように。また、あなたがたの心の目がはっきり見えるようになって、神の召しにより与えられる望みがどのようなものか、聖徒たちが受け継ぐものがどれほど栄光に富んだものか、また、神の大能の力の働きによって私たち信じる者に働く神のすぐれた力が、どれほど偉大なものであるかを、知ることができますように」（エペソ一・一七～一九）。

注

1　聖書を、礼拝から帰ってどこに置きますか。一番目に付くところに置いておくのです。本棚でも真ん中に。机の上でも、一番良いところに。でないと、俗称フーポン信者が生まれるようです。ちなみに、父・御子信者ということばもあって、「父、子、聖霊」の名を冠する立派な信者でなくて、別名は頌栄信者というのだそうです。献金が終わって、「父、御子、聖霊の……」との頌栄の段になるとやってくる。献金のタイミングを外すのが狙いのようですが、相手あっての礼拝ですのに、その礼拝の相手を全く忘れていることになりますね。人間相手だって、遅れれば失礼にあたるのですから、言わずもがなです。

2 申命二・一四によると、放浪の旅は三十八年であり、カレブは八十五歳でヘブロンを取ります。それが四十歳での出エジプトから四十五年後であるので、四十五マイナス三十八イコール七となり、七年が算出されるので、参考までに。

3 〈口語訳〉申命記三三・一二、「ベニヤミンについては言った、「主に愛される者、彼は安らかに主のそばにおり、主は終日、彼を守り、その肩の間にすまいを営まれるであろう」。〈新共同訳〉「ベニヤミンのために彼は言った。主に愛される者はその傍らに安んじて住み終日、神に身を寄せて その御守りのもとに住まう」。ＡＳＶ（米標準訳）では、Of Benjamin he said, “The beloved of Jehovah shall dwell in safety by him; He covereth him all the day long, And he dwelleth between his shoulders.”

4 *New Bible Commentary*, p. 231.

19　ふさわしい相続地

〈ヨシュア一九・一〜五一〉

「二番目のくじはシメオン、すなわち、シメオン部族の諸氏族に当たった。彼らの相続地はユダ族の相続地の中にあった」と始まるヨシュア記一九章では、一挙に六部族の相続地割り当てとなります。礼拝の場所を新たにエフライム族の町シロに移しての二番目のくじです。第一番目はベニヤミン族に当たり、エフライム族とユダ族の間に守られるようにと、大きな二部族に挟まれての、小さくとも豊かな地を得ていました。主要な町は、ベテル、エリコ、ギブオンなどでした。

相続地の分割の第二ステージとなりますが、先に一八章三節で見たように、「あなたがたの父祖の神、**主**があなたがたに与えられた地を占領しに行くのを、あなたがたはいつまで延ばしているのか」とヨシュアに叱咤激励されて、重い腰を上げるかのようにして始まった相続地分割でした。会見の天幕をシロに移して、礼拝の場所を改めたのも、そんな彼らへの配慮があってのことだったでしょう。割り当てるべき地を調査し、分割案を用意し、くじ引きとなるのです。

それで、二番目のくじは、シメオン族に、となります。シメオンは十二人兄弟の二番目。この名前が付けられたのは、その母レアが、その子が生まれた際に「主は私が嫌われているのを聞いて、この子も私に授けてくださった」と語ったその思いにちなんで付けられました。「聞く」、耳で聞く方の聞くです。それに次男坊ですので、新聞の聞の読みを取って、「ぶんじろう」とか「もんじろう」といったところです。そのシメオンに与えられた相続地リストが二節から八節となりますが、町や村の名前が上げられているだけで、どこからどこまでとの相続地の境界線は引かれていません。分割されたのは町や村。それも、ユダ部族の領土内にある町や村[*1]です。

九節に、「シメオン族の相続地はユダ族の割り当て地から取られた。ユダ族の割り当て地が彼らには広すぎたので、彼らの相続地の中にシメオン族は相続地を受けたのである」と記されるとおりです。ユダは四男坊。次男と四男とが仲良くということです。ユダのほうは、自分の相続地の中から十七の町とそれらに属する村々を失うことになりますが、別に不平不満の声は聞かれません。ヨセフ族が広大な相続地を得ていて、なお「よこせ」と言ってきた欲張り根性、浅ましさが余計に目立つというものです。ただし、「ユダ族の割り当て地が彼らには広すぎたので」と、十分に広い、約束の地の南部を得ていたのも事実です。

シメオン族の取り分は、こうしてユダ族の領土の中となります。それも、あちこちの町や村という具合で、面でなく点でした。分散して住んだのです。ユダ族の中に分けられ、やがて吸収されてゆきます。なぜこんな特別な扱いを受けたのか。実は、預言の成就なのです。それも、四百年以上も前に、ヤコブが告げたとおりとなっていました。創世記四九章五節から七節に、こうあります。

「シメオンとレビとは兄弟、
彼らの剣は暴虐の武器。
わがたましいよ、彼らの密議に加わるな。
わが栄光よ、彼らの集いに連なるな。
彼らは怒りに任せて人を殺し、
思いままに牛の足の筋を切った。
のろわれよ、彼らの激しい怒り、
彼らの凄まじい憤りは。
私はヤコブの中で彼らを引き裂き、
イスラエルの中に散らそう。」

「散らそう」と言われていたシメオン族です。それで、こうなったのです。レビもまた、シメオンとともに、ここに名を連ねています。それで、彼らレビ族も散らされていくのです。怒りに任せての殺戮へのさばきでした。偶然ではありません。ヤコブの祝福とのろいのことばどおりになりました。天におられる神が聞いておられました。主の御手が歴史を支配しており、今この時、かつてヤコブの口を通して預言されたことをみこころとして成就されたと知るのです。「のろわれよ」と言われたシメオン族の激しい怒りと、彼らの凄まじい憤りは、こうしてユダ族の間に分かれて住む形で、荒れ狂うことがないようにされたということでしょう。

シメオンに続くのはゼブルン族です。ゼブルンは「住まい」という意味と、十番名の子どもということで、「十住郎」でしょうか。でも、語呂が悪いようです。最近の研究では「尊い」という意味の可能性が指摘されていますから、十尊《とおそん》とかでもよいでしょう。名前の意味と生まれた順番が覚えられるかと思い、工夫してきましたが、飽きてきた方もおられるでしょう。

ゼブルン族は、約束の地の北部、ちょうどガリラヤ湖と地中海の間、その中ほどに割り当て地を得ます。一〇節から一六節です。今度は、境界線が引かれ、相続地を得ています。一〇節に、「彼らの相続地の領域はサリデに及んでいた」[*2]と、ガリラヤのナザレの町から八キロほど南東にあるテル・シャドゥド付近から西へと引かれて、ぐるりと巡って線引きがなされます。低地ガリラヤに位置する内陸の土地を割り当てられます。西はアシェル族に接し、南はマナセに、南東はイッサカルに、北と東はナフタリという具合です。ヨルダン川にも海にも接してはいないのです。しかし創世記四九章一三節には、おやっと思わせる預言があるのです。

「ゼブルンは海辺に、
船の着く岸辺に住む。
その境はシドンにまで至る。」

ところが、ゼブルン族は、ぐるっと兄弟たちに囲まれているのです。預言がはずれたか、と心配する人も出そうです。けれども、この預言は領地のことではなく、その繁栄と活躍に関係していると読めます。申命記三三章一八節には、ゼブルンとガリラヤ湖の南ヨルダン川沿いのイッサカル族とが並んで語られています。

「ゼブルンよ、喜べ。
あなたは外に出て行くときに。
イッサカルよ、あなたは天幕の中で。」

そして、そのあとの一九節の後半に、こう記されています。

「彼らが海の富と、砂に隠されている宝で
育まれるからである。」

ゼブルンは「出て行くとき」、海産物、特に貝や貝から取る染料と、砂から作るガラスとの商いで豊かに潤うと言われているとなるのです。

四番目のくじは、イッサカル族に当たります。彼らが引き当てたのは、ゼブルン族の南側と東側にあるヨルダン川沿いの地でした。[*3] 創世記四九章一四節には、「イッサカルは、たくましいろば、二つの鞍袋の間に身を伏せる」と言われていました。ヨルダン川西岸のとても美しく、棕櫚《しゅろ》とイチジク、葡萄の樹の豊かな土地を得ました。しかし、続く一五節には、「彼は、休息の地が快く、その地が麗しいのを見る。しかし、肩は重荷を負ってたわみ、苦役を強いられる奴隷となる」と告げられ、その豊かさゆえに、味わう苦難も絶えなかったのです。小麦、大麦の豊かな収穫を得ても、これを略奪する侵略者が多く、重荷にあえぐ者ともなりました。ちなみに、イッサカルとは、「神は私に報酬を下さった」(創世三〇・一八)とある「報酬を与える」から取られた名前です。しかし、その報酬には横取りされる苦難が付きものでした。

次いで、五番目のくじは、八男坊のアシェル族に当たります。アシェルは「幸福」のことですから、幸雄、福八です。彼が得た地は、ゼブルンの北西部、地中海岸の平原で、小麦とオリーブが特産という土地柄です。二五節から、町の名があげられ、[*4] 二九節には、「その境界線はラマの方に戻り、城壁のある町ツロに至る。それから境界線はホサの方に戻る。その終わりは海である」と記されるように、海沿いの豊かな地を得ます。これもまた、創世記四九章二〇節のとおりです。

「アシェルには、その食物が豊かになり、
彼は王のごちそうを作り出す。」

まさに、「くじは膝に投げられるが、そのすべての決定は主から来る」（箴言一六・三三）とあるとおりです。一つ一つが成就していくのを見るのは嬉しくも、また神の存在を知ることの喜びにも通じるものです。

くじはあと二回。ナフタリ族と、ダン部族を残すのみとなりました。四十年間、荒野の旅の間、宿営では殿《しんがり》を努めてきたナフタリ族とダン族とが、分割でも殿となります。海沿いのアシェル族と並んで約束の地の北部、東側を、ヨルダン川の水源となるメロン湖のほうまで縦長の地を得ます。そんなナフタリ族への預言も気になります。創世記四九章二一節にこうあります。[*5]

「ナフタリは放たれた雌鹿。
美しい子鹿を産む。」

引き当てた相続地の多くは山地となります。そこに放たれた雌鹿のように自由に駆け巡るものとなるというのです。ナフタリ族の士師バラク指揮の下で、南下し、カナン人を制圧する動きの速い鹿になぞらえられたナフタリ族、期待どおりの活躍をします。その名のナフタリとは「わが戦い」との意味でした。

いよいよ、最後となるダン部族です。五男坊。その名は「さばき」という意味です。十二部族中、ユダについで、人口では二番目に大きい部族なのに、皮肉にも割り当てられた相続地は、ベニヤミン族と同じくらいの小さな領地でした。[*6] ベニヤミン族の西側に、北には強大なエフライム族が、南には、これまた大きなユダ部族が、と、この二部族に挟まれて、横長に地中海まで伸びるような形で割り当て地を得ました。五番目で「さばく」との意味で「まつりごと」の政の字を当てて、政五郎でしょうか。ダン部族の割り当てられた地が小さいのには理由があってのことでしょう。この後の士師の時代に起こった出来事ですが、四七節には、ダン部族の地域が拡大されたことを書き添えています。

「ダン族の地域は彼らから失われたので、ダン族は上って行き、レシェムと戦った。彼らはそこを取り、剣の刃で討つと、これを占領してそこに住み、自分たちの先祖ダンの名にちなんでレシェムをダンと呼んだ。」

士師記一八章でのこの出来事で、ダン部族は北方の地に「ダン」という地名の飛び地を得ることになります。しかも、彼らが占領した町ライシュは、士師記一八章七節によると、「五人の者たちは進んで行ってライシュに着き、そこの住民が安らかに住んでいて、シドン人の慣わしにしたがい、平穏で安心しきっているのを見た。この地には足りないものは何もなく、彼らを抑えつける者もいなかった。彼らはシドン人から遠く離れていて、そのうえ、だれとも交渉がなかった」とあります。このライシュの町に目をつけたダン部族、なんなく征服し、自分のものとしたのです。そういえば、ダン部族への預言のことばは創世記四九章一七節にこうあります。

「ダンは道の傍らの蛇となれ。
通りのわきのまむしとなれ。
彼が馬のかかとをかむと、
乗り手はうしろに落ちる。」

通りのわきのまむしのように、安心しきった道行く人のようなライシュの町を突然に襲撃し、わがものとしました。こうして北方の町を得たダン。一番北の端ですから、北から南までというときには、ダンからベエル・シェバまで、との表現が生まれたのです。

このようにして、六部族の割り当てを一挙にくじ引きし、十二部族すべての割り当てが完了です。イスラエルの民はそれぞれの約束の地を得ました。五一節[*7]にも「彼らは地の割り当てを終えた」とあり、ヨシュアに託された一人事業が完了したのです。

この一九章の最後に、一つのエピソードが記されていますが、それがヨシュアの相続地割り当てです。ヨシュアにも個人的に一つの町が与えられるのです。四九節、五〇節です。

「地を地域ごとに相続地として割り当て終えたとき、イスラエルの子らは、自分たちの間に一つの相続地をヌンの子ヨシュアに与えた。**主**の命により、ヨシュアが求めた町、すなわち、エフライムの山地にあるティムナテ・セラフを彼に与えた。彼は町を建てて、そこに住んだ。」

すべてを見届けてから、自分の町を受け取ったヨシュアです。最も年老いた、勲功の多い人物に、最後になってご苦労様と小さな町が与えられます。エフライムの山地にある町を願って、いただくヨシュアです。そのエフライム族こそ、「山地を切り開くのは嫌。谷間の町は怖い」と言っていた者たちでした。しかも、「民が多くて、相続地が狭いから、もっとよこせ」とすごんで見せていました。

ヨシュアは最後になって自分の町をいただきますが、それも自分から言いだしたわけではないのです。もちろん、あのヘブロンを相続地として申し出た老雄カレブとともに、四十五年前に斥候としての大役を忠実に果たしたときに、約束を得ていました。ただ、カレブとの違いは、最後まで黙っていたことです。それも選び取って、手にしたのは山地の町でした。無欲です。最後です。兄弟部族のエフライムが「山地は嫌だ」と言う。ヨシュアはその山地の町を相続するのです。

ヨシュアは無欲の将です。泉のほとり、川の側、平らな場所、肥沃な地と、どこを願い出ても、このヨシュアの働きに対する報いとしたら、だれも拒めないでしょう。それなのに、山地の町です。それも、たった一つの町でした。「彼は町を建てて、そこに住んだ」のです。古い町なのか、廃墟となっていたのか。とにかく建て直さないと住めない町ティムナテ・セラフでした。最後まで一糸も乱れませんでした。最後が肝心。竜頭蛇尾でなく、竜尾に終わったのです。

終わりまで、実に主の命令によって歩み続けたヨシュアです。しもべとして、主の民に仕えきったイスラエルの指導者でした。相続地を得るにも、人々の取り残した町を、ボロ町とも思えるところをいただきます。それも、みんなの承認を得て、いただくのです。

モーセの後継者として、イスラエルに立てられた指導者ですが、ヨシュアは自分の武勲を誇らず、その権威を乱用せず、ただひたすら民に仕えきりました。約束の地に、この民を導き入れ、「この民に相続地を継がせなければならない」との主よりいただいた使命に生きました。見事に大役を果たしたヨシュアです。しかし、そのヨシュアの働きも、その背後におられる全能の主のみわざに導かれ、支えられてのものでした。ヨシュアの忍耐も大層なものでしたが、忍耐と真実をもって約束の地にイスラエルを導いた神がおられることを一番よくわきまえていたのは、このヨシュアでしょう。

自分の知恵、指導力、政治力のなせるわざでないことは、十分に知っていたはずです。

だからこそ、主のみことばに、右にも左にも逸れずに従ってきました。約束どおりにしてくださったお方こそ、イスラエルの神。エジプトから贖い出してくださったお方なのです。無私で主に仕えたヨシュア。自分を空しくして、人としてこの世界に生まれてくださったキリストを、私たちは知っています。もっと徹底して「仕えられるためでなく、仕えるために」おいでくださったお方を知っています。ヨシュアの生き方を心に刻みつつ、キリストに似た者とされていく私たちの歩み、生き方、人と神への仕え方を学び、整えられたく願うものです。

注

1 「彼らの相続地はベエル・シェバ、シェバ、モラダ、ハツァル・シュアル、バラ、エツェム、エルトラデ、ベトル、ホルマ、ツィクラグ、ベテ・マルカボテ、ハツァル・スサ、ベテ・レバオテ、シャルヘン。十三の町とその村々。アイン、リンモン、エテル、アシャン。四つの町とその村々。これらの町々の周りにあって、バアラテ・ベエル、ラマテ・ネゲブにまで及ぶすべての村。これがシメオン部族の諸氏族の相続地である」(二～八節)。

2 「境界線は西へ上って行き、マルアラに至り、ダベシェテに達し、またヨクネアムの向かいの川に達した。サリデから反対方向へ、東、すなわち日の昇る方へ向かうと、キスロテ・タボルの地境に至り、ダベラテに出てヤフィアに上る。そこから東、すなわち日の出る方へ進んで、ガテ・ヘフェルとエテ・カツィンを過ぎ、リンモンに出てネアの方に折れる。北の境界線はそこでハナトンに回る。その終わりはエフタフ・エルの谷である。カタテ、ナハラル、シムロン、イデアラ、ベツレヘム。十二の町とその村々。これがゼブルン族の諸氏族の相続地であり、その町々とそれらの村々である」（一一〜一六節）。
3 「四番目のくじはイッサカル、すなわち、イッサカル族の諸氏族に当たった。彼らの地域
はイズレエル、ケスロテ、シュネム、ハファライム、シオン、アナハラテ、ラビテ、キシュ
ヨン、エベツ、レメテ、エン・ガニム、エン・ハダ、ベテ・パツェツである。その境界線は
タボルに達し、シャハツィマとベテ・シェメシュに向かう。境界線の終わりはヨルダン川で
ある。十六の町とその村々。これがイッサカル部族の諸氏族の相続地であり、その町々とそ
れらの村々である」（一七〜二三節）。
4 「五番目のくじはアシェル部族の諸氏族に当たった。彼らの地域はヘルカテ、ハリ、ベテ
ン、アクシャフ、アラメレク、アムアデ、ミシュアルである。西に向かってカルメルとシホ
ル・リブナテに達し、日の昇る方、すなわちベテ・ダゴンに戻り、ゼブルンに、さらに北の
方でエフタフ・エルの谷に達し、ベテ・ハ・エメク、ネイエルを経て左の方、カブルに出て、
エブロン、レホブ、ハモン、カナを経て大シドンに至る。その境界線はラマの方に戻り、城
壁のある町ツロに至る。それから境界線はホサの方に戻る。その終わりは海である。マハレ
ブ、アクジブ、ウマ、アフェク、レホブ。二十二の町とその村々。これがアシェル部族の諸
氏族の相続地であり、その町々とそれらの村々である」（二四〜三一節）。

5 「六番目のくじはナフタリ族に、すなわち、ナフタリ族の諸氏族に当たった。彼らの地域は、ヘレフと、ツァアナニムの樫の木から、アダミ・ハ・ネケブ、ヤブネエルを経てラクムに至る。その終わりはヨルダン川である。その境界線は西の方、すなわちアズノテ・タボルに戻り、そこからフコクに出て、南でゼブルンに達し、西でアシェルに達し、日の昇る方のヨルダン川でユダに達する。城壁のある町はツィディム、ツェル、ハマテ、ラカテ、キネレテ、アダマ、ラマ、ハツォル、ケデシュ、エデレイ、エン・ハツォル、イルオン、ミグダル・エル、ホレム、ベテ・アナト、ベテ・シェメシュ。十九の町とその村々。これがナフタリ部族の諸氏族の相続地であり、その町々とそれらの村々である」(三二〜三九節)。

6 「七番目のくじはダン部族の諸氏族に当たった。彼らの相続地の領域はツォルア、エシュタオル、イル・シェメシュ、シャアラビン、アヤロン、イテラ、エロン、ティムナ、エクロン、エルテケ、ギベトン、バアラテ、エフデ、ベネ・ベラク、ガテ・リンモン、メ・ハ・ヤルコン、ラコン、およびヤッファに面する地域である」(四〇〜四六節)。

7 「これらは祭司エルアザル、ヌンの子ヨシュア、そしてイスラエルの諸部族の一族のかしらたちが、シロにおいて会見の天幕の入り口、すなわち主の前で、くじによって割り当てた相続地である。彼らは地の割り当てを終えた」(五一節)。

20　逃れの町[*1]

〈ヨシュア二〇・一〜九〉

「あわれみをかけてはならない。いのちにはいのちを、目には目を、歯には歯を、手には手を、足には足を。」

申命記一九章二一節です。「目には目を」という旧約聖書の世界を、野蛮、不寛容、復讐至上主義と批判するのは容易なことですが、忘れてはならないのは、この厳罰主義の背後には命の尊さがあるということです。神の像《かたち》である人間の尊さゆえの厳罰主義なのです。

創世記九章六節で、神は洪水後の再出発した人類にこう告げられました。

「人の血を流す者は、
人によって血を流される。
神は人を神のかたちとして
造ったからである。」

いたずらに復讐を奨励しているのではなく、「いのちにはいのちを」と定め、犯してはならない人間のいのちの尊さをこそ教えているのです。古代社会においては、たいへんな抑制力があったことでしょう。そう考えると、「目には目を」という世界を批判するなかに、今日のこの世界がかえって「いのちの尊さ」を軽視しているのでなければよいのだが、と思えてきます。

それに、厳罰主義といっても、「歯には歯を、手には手を」であって、むしろ復讐はこれを越えてはいけないと、仕返しはここまでと制限した決まりであると見てはどうでしょう。現実の社会では、野放しにしておいたら、決して「目には目を」では止まらないものですから。「倍返しだ」[*2]などというフレーズが流行りましたが、レメクの復讐の歌を聞けばわかるでしょう。そんな程度では止まらないのです。創世記四章二三節後半から二四節にこうあります。

「私は一人の男を、私が受ける傷のために殺す。
一人の子どもを、私が受ける打ち傷のために。
カインに七倍の復讐があるなら、
レメクには七十七倍。」

「目には目を」で止まらずに、目にはいのちをと、何倍にもして返さないと気がすまない、となります。同じではとうてい腹の虫が納まらぬというのが人間です。そう見ると、「目には目を」とは、復讐心を制するもの、歯止めでもあったのです。

ただし、この規定は、故意の事件についてであって、「知らないで、意図せずに」犯した犯罪については情状酌量となります。そのために、この二〇章に記された逃れの町制度が設けられたのです。一節から六節に、こうあります。

「主はヨシュアに告げられた。『イスラエルの子らに告げよ。「わたしがモーセを通してあなたがたに告げておいた、逃れの町を定めよ。意図せずに誤って人を打ち殺してしまった殺人者が、そこに逃げ込むためである。血の復讐をする者から逃れる場所とせよ。人がこれらの町の一つに逃げ込む場合、その人はその町の門の入り口に立ち、その町の長老たちに聞こえるようにその事情を述べよ。彼らは自分たちの町に彼を受け入れ、彼に場所を与える。そして彼は彼らとともに住む。たとえ血の復讐をする者が彼を追って来ても、その手に殺人者を渡してはならない。彼は隣人を意図せずに打ち殺してしまったのであって、前からその人を憎んでいたわけではないからである。その人は会衆の前に立ってさばきを受けるまで、あるいはその時の大祭司が死ぬまでその町に住む。その後で、殺人者は自分の町、自分の家、自分が逃げ出した町に帰って行くことができる。」』」二節に、「モーセを通して告げておいた」とありますのは、ヨルダン東岸ですでに確認されていたことを指します。それは民数記三五章九節から二九節に記されています。特にどんな場合かが二二～二三節でこう記されています。

「もし敵意もなく突然人を突き倒し、あるいは悪意なしに何か物を投げつけ、または、人を死なせるほどの石を、よく見ないで人の上に落としてしまい、それによってその人が死んだなら、しかもその人が自分の敵ではなく、害を加えようとしたわけではないなら……」

こうした人を復讐者から救い出し、逃れの町で保護するのです。申命記一九章五節には別の事例があります。「たとえば」と語りだして、「隣人と一緒に、木を切り出そうと森に入り、木を切るために斧を手にして振り上げたところ、斧の頭が柄から抜けて隣人に当たり、その人が死んだ場合、その者はこれらの町の一つに逃れて生きることができる」と。

続く六節には、「血の復讐をする者が怒りの心に燃え、その殺人者を追いかけ、道が遠いためにその人に追いついて、打ち殺すようなことがあってはならない」と定められています。「いのちにはいのちを」という厳罰主義も、誤って犯した殺人には、助命の道が用意されているというのも、いのちを大切にするゆえです。

このような、モーセのときの命令が再びヨシュアを通して語られ、確認されました。約束の地を受け継いだイスラエルが、新たな歩みを前にして、その相続地を不正に流された血で汚すことのないようにと用意された逃れの町でした。(本書七頁の地図を参照)

「彼らはナフタリの山地のガリラヤのケデシュ、エフライムの山地のシェケム、ユダの山地のキルヤテ・アルバ、すなわちヘブロンを聖別した。ヨルダンの川向こう、エリコの東の方ではルベン部族から台地の荒野のベツェルを、ガド部族からギルアデのラモテを、マナセ部族からバシャンのゴランをこれに当てた」（七～八節）。

いずれもレビ人の町です。それぞれが程よく距離を置いて定められています。意図せずして加害者となり、血の復讐者に追われることになった者が、どこから来ても、逃げ込めるようにと配慮して配置されていました。ちなみに、ケデシュとシェケム間は直線で百キロほどですから、中間地点からだと、逃げ込むには五十キロ余りを必死で走ることになります。逃れるほうも必死ですが、逃れの町の門はそんな殺人者を迎えるために一日中、昼夜を問わず開かれていました。また、途中の道も良く整備されていたようです。たまたま橋が落ちていて、川を渡れずに追いつかれたということがないように、という具合です。

こうなると、いのち惜しさに狂言を演ずる者も出てくるでしょう。そんな不心得者に対しては、二〇章四節が条件となります。

「人がこれらの町の一つに逃げ込む場合、その人はその町の門の入り口に立ち、その町の長老たちに聞こえるようにその事情を述べよ。」

まずは、事実確認が行われました。といっても、本人の口からの説明です。実際には、難しいケースもあったでしょう。とにかくこの段階で狂言と判明すれば、厳罰となりました。故意の殺人はすべて厳罰に処せられます。事故、つまり過失などの場合だけ、「知らないで」、「敵意もなく」というケースに限って、逃れの町が開かれたのです。

それに、訴える側も、二人以上の証人が必要でした。彼らの証言によって、実は「斧の先が抜けて」といった偶然のことでなく、敵意があって、恨みをもっていて、計画的であったと、事が明らかになることもあったでしょう。

民数記一五章三〇節には、「この国に生まれた者でも、寄留者でも、故意に違反する者は主を冒瀆する者であり、その人は自分の民の間から断ち切られる」と定められています。故意の違反は「主のことばを侮り、その命令を破る」のですから、「主を冒瀆」する罪とされました。ですから、故意の違反となればアウトです。つまり、殺意が認められたらアウトです。計画的に準備されたものでしたらアウトです。殺害に至る動機が見当たれば、厳しく審問を受けることになるでしょう。ですから、それまで仲良かった友人が、ふとしたことで喧嘩を始め、勢い余っての殺人となれば、逃げ込めます。

どんな小さな町でも、三人の長老がいたようですから、彼らが取り調べて、逃れの町の住民として受け入れるかどうかを判定していたのです。

逃げ込むということでは、この国にも、逃れの町ならぬ、駆け込み寺があったことを思い出します。調べてみましたら、縁切寺は、江戸中期には、鎌倉松ヶ岡の東慶寺と上州（群馬県）勢多郡徳川郷の満徳寺の二つだけということでした。女性が離婚手段として利用するわけですが、門に草履《ぞうり》を投げ込んだり、簪《かんざし》を門扉に投げて刺したりすることで、「駆け込んだ」とみなされ、引き戻されないとの規定があったようです。もっとも、離縁が成立するまでの最長で二十四か月とかの滞在費用や寺への礼金などは実家持ちですし、女性のほうが言いだしたということで慰謝料まで発生するので、実家が貧しかったりして、これらの負担を気にしたら、安直に駆け込めないようでした。また、離縁を諦めて戻るケースもあったとのことです。

さて、逃れの町に逃げ込めた者は、「会衆の前に立ってさばきを受けるまで、あるいはその時の大祭司が死ぬまでその町に住む」（六節）ことになります。

「会衆の前に立ってさばきを受ける」*3というのは、民数記*4からすると、自分の属する町の長老会のことで、それまでは決して復讐者の手には渡されず、守られるのです。しかし、ここでの審判が「黒」となれば、そうはいきません。厳罰に処せられることになります。「白」であるならば、逃れの町に返されて、「大祭司が死ぬまでその町に住」み、その後は自由の身となるのです。

神と人との仲立ちをする大祭司が死んだら自由となる。こんなところにも、来るべき大祭司であるキリスト・イエスの十字架の型、予表［予め表すもの］が浮かび上がってきます。十字架の赦しの遠い響きを聞く気がするとも言えましょう。

こうして逃れの町に逃げ込んだ者も、過失であれ、殺人は殺人です。「加害者」などといってことばを柔らげずに、「殺人者、殺人者」と語られています。「殺人」なのです。過失であっても、「殺してはならない」との戒めを破っているのです。その殺人者が自由となる唯一の道が大祭司の死でした。となれば、ある人はついに自由を得られずに、逃れの町で死ぬこともあったでしょう。大祭司の死によって赦されて自由となる恵みにあずかる者もまた特別なのです。

この取り扱いは、異邦人にも及びます。

「これらはすべてのイスラエルの子ら、および彼らの間に寄留している者のために設けられた町である。すべて、誤って人を打ち殺してしまった者がそこに逃げ込むためであり、会衆の前に立たないうちに、血の復讐をする者の手によって死ぬことがないようにするためである」(九節)。

異邦人、ユダヤ人の区別なしです。すべての人に対して設けられている逃れの町です。イスラエル人の仲間内でさえ、殺人には血の復讐と、いきり立つ身内の者がいるでしょう。そうであれば、寄留者にとってはユダヤ人を殺《あや》めてしまったとなれば、もはや身の置き場なしとなるでしょう。たまたま行商でユダヤに滞在中といった場合、頼れる友だちもおらず、まるっきり四面楚歌の状況になってしまいます。しかし、そんな異邦人にも、逃れの町の特典が認められていたのです。

古代といっても、豊かな配慮に満ちた社会がありました。民族の違いで戦いが絶えない今の世界の現状ですのに……。

ユダヤ人にも異邦人にも、救いの福音は一つです。十字架の前に区別なしとの新約の赦しの福音を遠く先取りしていたと言えましょう。いつの時代も、逃れの町はすべての者に開かれていました。人種、国籍を問わず、すべての者に等しく用意されていました。また、すぐに逃げ込めるようにと近くに用意されていた逃れの町ということも、今、私たちのすぐそばに用意されている逃れの町であるイエス・キリストへと通じています。

パウロは、キリストに出会う前の自分を、キリストの敵、迫害者サウロだった当時を、「私は以前には、神を冒瀆する者、迫害する者、暴力をふるう者でした。しかし、信じていないときに知らないでしたことだったので、あわれみを受けました」と語り（Iテモテ一・一三）、「『キリスト・イエスは罪人を救うために世に来られた』ということばは真実であり、そのまま受け入れるに値するものです。私はその罪人のかしらです」と（Iテモテ一・一五）、キリストを救い主と仰ぐのです。

「知らないでしたことだったので、あわれみを受けました」と言うパウロです。しかし、実はイエス・キリストは単なる逃れの町ではなく、それ以上なのです。なぜならば、主イエスの十字架は、故意の殺人者も受け入れるものだからです。その実例こそが、このパウロの昔の姿でした。「あなたの証人ステパノの血が流されたとき、私自身もその場にいて、それに賛成し、彼を殺した者たちの上着の番をしていたのです」（使徒二二・二〇）と告白するパウロです。直接に手を下すことはしませんでしたが、賛同者として「殺意」を抱いていたのです。

故意の殺人というなら、旧約のダビデ王を思い出すでしょう。どうなったでしょうか。主のあわれみの御手によって取り扱われました。十字架は、すべての罪を覆うものです。逃れの町以上に、逃れの人イエス・キリストを私たちは知っているのです。

過失か、故意かと問うことなしに、すべての者に対して開かれた門となる救い主です。完全な赦しが用意されています。

「だれが、私たちを罪ありとするのですか。死んでくださった方、いや、よみがえられた方であるキリスト・イエスが、神の右の座に着き、しかも私たちのために、とりなしていてくださるのです」と、ローマ人への手紙八章三四節でパウロが宣言するように、私たちを訴える者であるサタンも、この救いから私たちを滅びに取り戻すことなどできないのです。訴える者すべてに、血の復讐を叫ぶ者すべてに向かって、主イエスは、「その罪のためにわたしが十字架で死の代価を払い、償いました」と宣言してくださいます。すべての罪が赦されるのです。

虫の良い話です。信じるだけで赦されるなんて！　しかし、神のひとり子が死に、代価を支払われたのです。それゆえの赦しです。いのちにはいのちを。ただで赦されたわけではありません。神のひとり子の「死」あっての尊い赦しでした。

それに、キリストという逃れの町が必要なのは、すべての人たちです。殺人者となった、人のいのちを殺めた者たちだけでなく、この心の中の人を呪う思いも、嘲りのことばも、また等しく神の御前では死に値する罪なのですから。山上の説教を思い起こしてください。「兄弟に対して怒る者」、「兄弟に『ばか者』と言う者」はどうなると教えられていますか。心の中の姦淫でゲヘナに投げ込まれるに十分です。まさに、日ごとに罪に追いつかれ、滅びと死の定めの中にあった私たちです。かろうじて、キリスト・イエスの逃れの町の中に今います。それで助かるのです。

このキリスト・イエスを離れたら、神の御前に罪の告訴状を突きつけられて、観念すべき者たちでした。

逃れの町であるイエス様。その門をくぐるのに必要なのが、罪の告白とは、不思議な「逃れ場所」です。正しい者ではなく、罪人を迎え入れてくれるのです。そう、新約の逃れの町を用意するためにこそ、神のひとり子キリストは人となられたのです。

注

1　復讐の回避策であること。過失致死罪への救済策です。近隣の法律はどうなっていたのでしょうか。ハムラビ法典は？　身分による違いが見られ、この点では聖書の規定は平等です。

2　このことばは二〇一三年の流行語大賞をとりました。「やられたらやり返せ、倍返しだ。」

3　「この町々は、復讐する者からあなたがたが逃れる場所となる。殺人者が、さばきのために会衆の前に立たないうちに死ぬことのないようにするためである」（民数三五・一二）。

4　「逃れの町に帰してやらなければならない」（民数三五・二五）とあるので、さばきの場所を自分の町と理解します。

21　一つもたがわずに

〈ヨシュア二一・一〜四五〉

レビ族への居住の町の授与となるのが、このヨシュア記二一章です。レビ部族には領土はありませんでした。彼らの取り分は、ゆずりは神ご自身でした。一節から三節にこうあります。

「レビ人の一族のかしらたちは、祭司エルアザル、ヌンの子ヨシュア、そしてイスラエルの人々の部族の、一族のかしらたちのところに近寄って来て、カナンの地のシロで彼らに告げた。『**主**は、住む町と家畜の放牧地を私たちに与えるよう、モーセを通して命じられました。』イスラエルの子らは**主**の命により、自分たちの相続地から次の町々とその放牧地をレビ人に与えた。」

シロで、くじが引かれ、レビ人に与えられるべき町の名が挙げられ、彼らの「住む町と家畜の放牧地」が定められました。約束はモーセを通して命じられたとあるとおりです（民数三五・二〜三）。

「イスラエルの子らに命じ、その所有となる相続地のうちから、居住のための町々をレビ人に与えよ。また、その町々の周りの放牧地はレビ人に与えなければならない。その町々は彼らが住むためのものであり、その放牧地は彼らの家畜、群れ、そしてすべての動物のためのものである。」

そして、その町の数までが、「レビ人に与える町は、全部で四十八の町で、放牧地付きである」(同七節)と定められていました。さらに、公平になるようにと、「あなたがたがイスラエルの子らの所有地のうちから与える町々は、大きい部族からは多く、小さい部族からは少なくしなければならない。それぞれ自分が受け継いだ相続地の大きさに応じて、自分の町々の一部をレビ人に与えなければならない」(同八節)とまでの配慮が指示されていました。

この神の約束に基づいて、「約束どおりに」とレビ人たちは申し出ました。それも、一番最後になってから願い出ているというところも良いことです。神に仕えるレビ人たちが、住む家や放牧地のことで、控えめであるのは良いことです。「大方の世捨て人に注意せよ。袈裟《けさ》の内は狐かな[*1]」などと言われますから。この控えめなのは良し。さらに、願って与えられたことも良いことです。他の部族は、約束に従って自分たちの町を提供しました。自分の取り分が減るにもかかわらず、主の定められたことに従ったのです。

そのレビ人は、三つの部族に分かれていました。祭司アロンの子孫たちを含むケハテ族と、ゲルション族と、三つめはメラリ族です。

ケハテ族のアロンの子孫たちは祭司となり、他の二部族はそれぞれ天幕、当時の移動式、分解可能な神殿でしたが、その部分、部分を受け持つ者となりました。ケハテは、契約の箱、燭台、香をたく壇など、聖所の器を担当しました。ゲルションは、布類、天幕、幕、縄などを担当し、メラリは、柱や板、台座などと。その彼らに、くじで町々が与えられます。四節から七節です。

「ケハテ人諸氏族のためにくじが引かれた。ユダ部族、シメオン部族、ベニヤミン部族から、くじによって十三の町がレビ人の祭司アロンの子らのものになった。

エフライム部族の諸氏族、ダン部族、マナセの半部族から、くじによって十の町が、残りのケハテ族のものになった。

イッサカル部族の諸氏族、アシェル部族、ナフタリ部族、バシャンのマナセの半部族から、くじによって十三の町がゲルション族のものになった。

ルベン部族、ガド部族、ゼブルン部族から、十二の町がメラリ人の諸氏族のものになった。」

それも、祭司アロンの子孫たちには、ユダとベニヤミン部族の相続地の中からの町々を与えました。つまり、エルサレムの周りに指定の町を受けたのです。祭司の町がこのような配置で選ばれたことは、やがて神殿がこのエルサレムに建てられることを思いますと、驚くべき神の「配置」であったことがわかります。バプテスマのヨハネの両親、ザカリヤ夫妻も、このユダの山地に住んでいました。

　こうして選ばれた四十八の町々の詳細は八節からが記すところです。まず、ケハテ族の祭司アロンの子孫には、殺人者の逃れの町へブロンに始まる十三の町です。「ヘブロンとその放牧地」と始まり、リブナ、ヤティル、エシュテモア、ホロン、デビル、アイン、ユタ、最後にベテ・シェメシュとその放牧地と数えて、「これら二部族から与えられた九つの町である」と記します。なお、ヘブロンについては、一二節に、「しかし、この町の畑と村々はエフンネの子カレブに、その所有地として与えた」と但し書きが付きます。ヨシュア記一四章で見たとおり、カレブの信仰への報いとなり、記念となる町でした。

　さらに、一七節から一九節に、ベニヤミン部族の中からも、ギブオン、ゲバ、アナトテ、アルモンという四つの町とその放牧地を得たとあります。アナトテはやがて、八百年、あるいは六百年も後のことになりますが、預言者エレミヤの誕生の地となります。エレミヤもまた、祭司の子孫だったのです。

　ケハテの残りの者たちには、十の町が与えられます。エフライム族からは、逃れの町シェケムとゲゼル、キブツァイム、ベテ・ホロンの四つの町。ダン部族から、エルテケ、ギベトン、アヤロン、ガテ・リンモンの四つの町。マナセの半部族から、タアナク、ガテ・リンモンの二つの町を与えられます。それぞれの領地の大きさで、提供する町の数も多くなったり、少なくなったり、という具合です。ベテ・ホロンとアヤロンは、先にカナン攻略での激戦地でした。

さらに、北に上り、二七節ですが、レビ諸氏族の一つゲルション族には、マナセの半部族から、殺人者の逃れの町バシャンのゴラン、ベエシュテラの二つの町。ガリラヤ湖西南のイッサカル部族から、キシュヨン、ダベラテ、ヤルムテ、エン・ガニムの四つの町。西に移って、地中海沿いのアシェル部族から、ミシュアル、アブドン、ヘルカテ、レホブの四つの町。東に折れ、ガリラヤ湖北部のナフタリ部族から、殺人者の逃れの町、ガリラヤのケデシュ、ハモテ・ドル、カルタンの三つで、総数十三の町とその放牧地を与えるのです。

残ったメラリ諸氏族には、地中海沿いのゼブルン部族から四つと、大きく西に飛んでヨルダン東岸のガド、ルベン族から四つ、四つで十二の町とその放牧地とが与えられたのです。

これらの町の中でも、逃れの町はすべて、レビ人の町となっていきました。もともと逃れの町という宗教的な町がレビ人の町となったのです。殺人者たちが神に仕えるレビ人たちの間で生活することになるとは、これもまた、主なる神のなさった特別な配慮による「配置」でした。逃れの町の制度を維持し続ける役目をレビ人たち、神に仕えるものが担いゆくことになったのです。

こうして四一節、四二節です。

「イスラエルの子らの所有地の中で、レビ人の町は全部で四十八の町とその放牧地である。これらの町はそれぞれその周囲に放牧地があった。これらの町はすべてそうであった。」

放牧地はもちろん放牧のためです。祭司たち、レビ人たちは、当番制で、神の聖所での奉仕をしていましたから、礼拝当番でないときには、自由な時間を放牧に用い、時間を無為に過ごすことのないようにということでもありましょう。といっても、放牧地ですから、農耕用の土地ではありません。小麦、ぶどう、オリーブといった作物は、すべてささげ物としてレビ人には与えられることになっていたからです。申命記一四章二二節には、「あなたは毎年、種を蒔いて畑から得るすべての収穫の十分の一を、必ず献げなければならない」とあり、さらに二七節に、「あなたの町囲みの中にいるレビ人をないがしろにしてはならない。彼は、あなたと同じようには相続地を割り当てられないからである」と、レビ人たちへの配慮が命じられていました。

レビ人たちが住む所を得て、すべての民への約束の地の配分は完了します。

四三節から四五節にこうあります。

「**主**は、イスラエルの父祖たちに与えると誓った地をすべて、イスラエルに与えられた。彼らはそれを占領し、そこに住んだ。**主**は、彼らの父祖たちに誓ったように、周囲の者から守って彼らに安息を与えられた。すべての敵の中にも、一人として彼らの前に立ちはだかる者はいなかった。主はすべての敵を彼らの手に渡された。主がイスラエルの家に告げられた良いことは、一つもたがわず、すべて実現した。」

この最後のことばどおりに、主の約束はみな実現しました。ヤコブの家族がエジプトに下り、四百年を経て一つの国家となり、カナンに帰り、約束の地を得ました。「一つもたがわず」にでした。主が、「与えると誓った地をすべて与えた」のですし、「誓ったように」守り、安住を許されたのです。

私たちの生涯も、終えてみれば、このことばどおりとなるでしょう。御国でこの世の旅路を振り返ってみて、確かに主の約束は「一つもたがわず」わが生涯を導いていた、と。いや、地上の歩みだけでなく、永遠の御国でのすべての祝福もお約束のとおりであると確かめて、主の御名をたたえることになると信じています。

ところで、このレビ人たちはこうして、約束の地の、あちこちから提供された四十八の町々に分かれて住むことになりました。約束の地の全土に散って住んだのです。これにもまた、大きな主の御旨がありました。神に仕えることになったレビ人たち、つまりイスラエルの中にあっては宗教的な役割を担う部族が人々の間に散って住んだのです。約束の地においては、他の部族は相続地を得ているのに、「主がわれらのゆずり。神がわれらの相続地」とわきまえて生きる民がいることを、人々に常に覚えさせる存在となるレビ人たちです。最も尊いことが何であるかを示し続ける役割を担わされたのだと思います。約束の地にいることと、そこまで導いてくださった神を覚えて神に仕えて生きることとは切り離せません。神がおられて、今があるのです。まさに、イスラエルの民全体の中にあって、レビ人は「地の塩、世の光」の役割を与えられて、分かれて住んだということでしょう。

レビ人の側からすると、どうでしょう。神に仕える部族として、人々は彼らを特別視するでしょう。その人々の目を気にし、意識して生活することにもなります。神礼拝を導く部族として、散らされて住んだ地域での使命は、神を畏れて生きる姿を示し続けることとなります。人の目を気にしての信仰生活などは次元が低いとの批判は、罪のしたたかさを知らないからでしょう。ひとかたまりになって、レビ人たちが一か所に住んでいたら、兄弟同士で「なあ、なあ」と言い合って堕落することもあるでしょう。彼らを散らして住まわせたのは、神の知恵ではないでしょうか。イスラエルの中に散らされて置かれることで、毎日が真剣になるというものでしょう。地の塩としての責任も、こうして相手がいて初めて、真っ当に自覚できるのではないでしょうか。人々が、「彼はレビ人よ」と指さすので、かえってシャンとするのではないでしょうか。隠れキリシタン、隠れクリスチャンですと、身分を明らかにしない分だけ、生き方がいい加減になるのではないでしょうか。キリストのものであるとの自分を隠した分だけ、世の光たる立場を曖昧にしてしまうのではありませんか。キリストのものであるという旗印を鮮明にするのは大切なことです。

散って住んだレビ人たち、しかもそれが神の知恵によることであると見ると、彼らはイスラエル全部族を結びつける大事な役目をもいただいていたと思います。ゲルション族は、ヨルダン川の東のマナセの中に、そして西側の地にも町を得ます。メラリ族は、西の地にゼブルンを、東の地にルベン・ガドの中から町々を得ます。ヨルダンを挟んでの西と東に分かれた部族の橋渡しとなります。そういえば、「レビ」とは「結び付ける」、「くっつける」という意味でした。民の中に散って、住み、それぞれを結び付けるものとなったのです。

さらには、これが最大の特権ですが、神礼拝へと人々を結び付ける役割も担っていました。カナンの地のそこかしこにと散って住み、神礼拝の核となって、人々の目を神のお姿へと、人々の心を神の恵みへと結び付ける役割を担っています。まさに、神と人との間のレビ、くっつけ役となったのです。

それもこれも、預言されていたことであると知るとき、神が生きて働いておられることを実感します。しかも、彼らが散らされることになった原因は、彼らレビ族の先祖レビの暴行事件にありました。その結果散らされたのですが、それがイスラエルを「益すること」となり、彼らにとっても「良いこと」となっていたわけです。主がわざわいを幸いへと転じてくださいました。そのレビの蛮行に対するのろいは、創世記四九章五節から七節に記されています。
「シメオンとレビとは兄弟、
彼らの剣は暴虐の武器。
わがたましいよ、彼らの密議に加わるな。
わが栄光よ、彼らの集いに連なるな。
彼らは怒りに任せて人を殺し、
思いのままに牛の足の筋を切った。
のろわれよ、彼らの激しい怒り、
彼らの凄まじい憤りは。
私はヤコブの中で彼らを引き裂き、
イスラエルの中に散らそう。」

この預言どおりに、シメオンはユダの中に散って住み、レビもまた国中に散ったのでした。しかし、神のさばきは計りがたく、神の知恵は計りがたしなのです。こんな暴れ者を神に仕えるしもべとしたのです。ベニヤミンのような末っ子のおとなしい者を祭司にというのではなく、手の付けられないレビをでした。レビにとってののろいと見えたことが幸いと転じたのです。「主がイスラエルの家に告げられた良いことは、一つもたがわず、すべて実現した」と告げる四五節は、レビ族の歩みをも含めて味わえるものでしょう。

あのサウロも大使徒パウロに変えられたのです。かつ、彼パウロを、神は地中海世界の中に、一時も休ませずに、伝道のために、教会を建て上げるためにと走らせました。生まれたばかりの教会も、先輩教会も、そんな使徒の働きの中で一つの群れとして結び付き、成長していきました。クリスチャンを追い回し、散らしていた者が、信仰者たちをキリストにあって一つとする役目を担うとは、神のなさりようは妙なるかな、です。

それに、レビ人たちが殺人を犯した者の逃れの町の守護者となったのも、また神のなさりようですが、特別なことです。憤りと怒りに任せて、辱めを受けた妹の復讐にとばかりにシェケムの町で、すべての男子を剣にかけたレビでした。今その結果散らされて、レビの子孫たちが逃れの町を預かる者となり、今度は復讐に狂う者から殺人者を匿《かくま》う者とされました。それも、「絶対に渡してはならない」との厳しい使命を受けてのことです。復讐の血に染まった手が、今度は逃れて来る殺人者を庇《かば》い守る者となる。ここまで、神様が計画しておられたのです。「見事！」との声しかありません。殺人者の逃れの町に住んで、レビ人たちには、殺人者が逃れて来るたびに祖父レビのことを思い出させたことでしょう。

そして、神のあわれみに満ちた御心も。

そういえば、クリスチャン迫害に燃えて、ダマスコまでも大祭司からの「クリスチャン捕縛許可状」を握りしめていたサウロの手が、福音を握りしめ、迫害に中にある人々を庇い、弱る者の肩を叩き、励ます手となりました。復讐に燃えた殺人者の子孫たちが、復讐者の手から殺人者を庇うものとなる。迫害者が、迫害される側に置かれ、これを励まし支える者となる。御心に反して生きていた者が、御心に従い、神の御旨を喜ぶ者となる。主のみわざです。私たちへのお約束は何でしたか。

「私たちはみな、覆いを取り除かれた顔に、鏡のように主の栄光を映しつつ、栄光から栄光へと、主と同じかたちに姿を変えられていきます。これはまさに、御霊なる主の働きによるのです」(Ⅱコリント三・一八)。

変えられる恵みの中に置かれている私たちです。日ごとに、新たな自分とされ、主に仕えたく願うものです。

注

1 出典不明。

22 われらの子らに

〈ヨシュア二二・一～三四〉

思わずハッと、手に汗握り、やれやれとなるのがこのヨシュア記二二章です。誤解の愚かさと和解のありがたさも味わいどころです。ルベン、ガド、マナセの半部族は、ヨルダン東岸に帰ってもよいということになりました。

「そのとき、ヨシュアはルベン人、ガド人、およびマナセの半部族を呼び寄せて、彼らに言った。『あなたがたは、主のしもべモーセがあなたがたに命じたことをことごとく守り、私があなたがたに命じたすべてのことについても、私の声に聞き従った。今日まで、この長い間あなたがたの兄弟たちを捨てず、あなたがたの神、主の命令に対する務めを果たしてきた』」（一～三節）。

ヨシュアは、共に戦うとの約束を誠実に果たした彼らの助けを高く評価しています。大指導者モーセの命じたことだけでなく、「〔この〕私の声に聞き従った」と言い、「今日まで、この長い間あなたがたの兄弟を捨てず」とも言います。これらのことばは、感謝状の文言となりうるものでしょう。ヨルダン川を渡り、初戦となるエリコとの戦いから、ずっとこの日までヨシュアの指揮のもとに従軍の義務を果たしたのです。それで、四節から六節でこう述べられます。

「『今あなたがたの神、**主**は、約束したとおりに、あなたがたの兄弟たちに安息を与えられた。今、**主**のしもべモーセがヨルダンの川向こうであなたがたに与えた、自分たちの所有地、自分たちの天幕に引き返しなさい。ただ、**主**のしもべモーセがあなたがたに命じた命令と律法をよく守り行い、あなたがたの神、**主**を愛し、そのすべての道に歩み、その命令を守り、主にすがり、心を尽くし、いのちを尽くして主に仕えなさい。』ヨシュアが彼らを祝福し、送り出したので、彼らは自分たちの天幕に行った。」[*1]

ルベン、ガド、マナセの半部族は、ヨルダン川東岸にいる間に領地を与えられていました。それを再確認して、彼らを帰らせます。それも、ただ単に帰還を許すことばだけで終わらずに、神の民としての歩みを命じるのも、信仰の勇者ヨシュアらしいところです。「あなたがたの神、主を愛し、主にすがり、主に仕えよ」と。約束の地を得た今、なお主に忠実にあれ、と命じます。祝福の中にとどまる唯一の道なのですから。これが新しく始まる生活の基本です。これを忘れて、生活のために労し走り回り、戦いを、と躍起になるのは空しいものです。恵みは主からとわきまえればこその、約束の地での生活となります。それに、八節では、分捕り物についての指示も忘れません。今までの戦いの当然の報酬です。

「あなたがたは多くの財、つまり、非常に多くの家畜と銀、金、青銅、鉄、たくさんの衣服を持って天幕に帰りなさい。敵からの分捕り物はあなたがたの兄弟たちと分け合いなさい。」

こう命じるヨシュアはどこまでも公平です。過不足なく事が運んでの九節です。

「ルベン族、ガド族、マナセの半部族は、カナンの地にあるシロでイスラエルの子らと別れ、モーセを通して示された**主**の命により、彼らが得た自分の所有地、すなわちギルアデの地へ帰って行った。」

分捕り物を土産に帰還となる。すべて、主が良くしてくださったゆえです。これから始まる約束の地での生活を支えてくださる主の恵みです。ところが、川を渡る前に、こちら側にいる間に祭壇を造り出したのです。一〇節です。

「ルベン族、ガド族、マナセの半部族はカナンの地のヨルダン川の流域まで来たとき、そこ、ヨルダン川のそばに一つの祭壇を築いた。それは遠くから見えるほど大きな祭壇であった。」

大きな祭壇を、遠くから、つまり、東岸からも見えるように拵《こしら》えました。自分たちの領地でないところに祭壇を造ったのです。祭壇といえば、宗教生活の中心となるものです。これを他人の領地に造ったとなれば、他所に出城を造ったと見えても仕方がないことです。「好事、魔多し」というでしょう。良いことには邪魔が付き物。祭壇一つで、反逆だ、挑戦だ、と騒ぎ立つ者が出ました。

「イスラエルの子らは、『ルベン族、ガド族、マナセの半部族がカナンの地の国境、ヨルダン川のイスラエルの子らの側の流域に、祭壇を築いた』と聞いた。イスラエルの子らがそれを聞いたとき、イスラエルの全会衆は彼らと戦おうとシロに集まった」（二一〜一二節）。

噂一つで、すぐに内戦となる。ついさっきまでは、戦いを共にしてきた間柄なのにです。人間のつながりの、信頼関係のもろさよ、と悲しむべき現実です。

しかも、この噂の中に、「カナンの地の国境」とか、「イスラエルの子らの側の流域に」と言うのを聞くと、「えっ！　彼らもイスラエルの子らのはずでは？」とか、「国境をどこに定めているのか、彼ら二部族半は国外の民、外国人なの？」と、差別意識のにおいが感じられます。それこそ、この二部族半が心配していたことなのですが……。

噂を耳に「戦だ」と、熱《いき》り立つ西岸の部族たちです。あわや内戦というところです。これが間一髪で回避されます。調査団の派遣によって、内乱の危うきは避けられました。一三節、一四節は、その調査団のリストです。祭司エルアザルの子ピネハスを団長として、西岸の十部族から、族長を一人ずつ出しての十一人が出向きます。問いただすのです。一六節から二〇節の口調は真剣です。祭壇を築いた二部族半が思ってもみなかった「神への反逆」と映っていたのでした。

「主の全会衆はこう言っている。『これは何事か。あなたがたが今日、主に従うことをやめてイスラエルの神の信頼を裏切るとは。あなたがたは自分のために祭壇を築いて、今日、主に反逆したのだ。ペオルでの不義は、私たちにとって小さなことだっただろうか。私たちは今日まで、あの不義から身をきよめていないではないか。そのために神の罰が主の会衆の上に下ったのだ。あなたがたは今日、主に従うことをやめようとしている。あなたがたは今日、主に反逆しようとしている。明日、イスラエルの全会衆に向かって主は怒られるだろう。ただし、あなたがたの所有地が汚れているのなら、主の幕屋が建つ主の所有地に渡って来て、私たちの間に所有地を得なさい。私たちの神、主の祭壇のほかに自分たちのために祭壇を築いて、主に反逆してはならない。私たちに反逆してはならない。ゼラフの子アカンが、聖絶の物のことで主の信頼を裏切り、イスラエルの全会衆の上に御怒りが下ったではないか。彼の不義によって死んだ者は彼一人ではなかった。』」

ペオル事件とアカン事件とを引き合いに出しての切々たる説得です。ペオルでは二万四千人もが、アカン事件では三十六人の死者を出しました。主に背いた結果でした。こう、烈々と懸命に、主に反逆する罪の重大さを悟らせようと語って聞かせるのです。

かえって、びっくりしたのは彼らでしょう。反逆などとは、全く根も葉もないこと、一大誤解でした。祭壇でなく記念碑として、これを建てていたのです。それで、大きな祭壇の形に造り上げたのです。決して本家をしのいで、さらに大きな祭壇を築いて、のし上がろうとしたのではありませんでした。即座に、その事情の説明となりますが、事の厳粛さゆえでしょう。「神の神、主よ、神の神、主はご存じです」（二二節）と語り、「身の潔白は神が知っておられることですが、あなたがたにも知ってほしい」と切りだして、それに虚偽があるなら「もしこれが、主に対する反逆や不信の罪をもってなされたのなら、今日、私たちをお救いにならないでください」という勢いと真剣さです。

祭壇を築いた理由を聞いて、その内容の思いも及ばなかったことに、今度は十一人の調査団のほうが驚き、うならされたことでしょう。「われらの子どもたちのため、その信仰のため」との思いやりからだったのです。少々長いのですが、二三節から二九節を見てください。事はそれだけ重大だったのです。もちろん両者にとって。まずは、二三節からです。

「私たちが祭壇を築いたことが、主に従うのをやめることであるなら、あるいは、その上で全焼のささげ物や穀物のささげ物を献げるため、あるいはその上で交わりのいけにえを献げるためであるなら、主ご自身が私たちを責めてくださいますように。」

主の定めた犠牲を、身勝手に献げるためでは決してなかったことを告げたうえで、本当の理由を、心の内を、二四節から二八節で明かします。

「しかし、私たちがこのことをしたのは次のことを恐れたからです。後になって、あなたがたの子らが、私たちの子らに次のように言うかもしれません。『あなたがたとイスラエルの神、主との間に何の関係があるのか。主はヨルダン川を、私たちと、あなたがたルベン族、ガド族との間の境界とされた。あなたがたは主のうちに取り分がない。』こうして、あなたがたの子らが私たちの子らに、主を恐れることをやめさせるかもしれません。私たちは考えました。さあ、私たちは自分たちのために祭壇を築こう、と。全焼のささげ物のためではなく、いけにえのためでもありません。それは、私たちとあなたがたとの間、私たちの後の世代との間の証拠となり、私たちが全焼のささげ物といけにえと交わりのいけにえを献げて、主の前で主への奉仕をするためです。こうすれば、後になって、あなたがたの子らが私たちの子らに『あなたがたは主のうちに取り分がない』と言うことはないでしょう。私たちは考えました。後になって、もし私たち、また私たちの子孫がそう言われたとしても、私たちはこう言うことができる。『私たちの父祖が造った主の祭壇の型を見よ。これは全焼のささげ物のためでもなく、いけにえのためでもなく、私たちとあなたがたとの間の証拠なのだ』と。」

こうまでしっかりと釈明し、疑いを、誤解を解いたのです。

そして最後に、もう一度、二九節で繰り返します。

「私たちが、主の幕屋の前にある私たちの神、主の祭壇のほかに、全焼のささげ物や穀物のささげ物や、いけにえを献げる祭壇を築いて、今日、主に反逆して主に従うことをやめるなど、絶対にあり得ないことです。」
同じ神の一つの民でありながら、ヨルダン川の東と西に分かれて住むことになる。それで心配したのです。今は良い。お互いに理解し合っている。しかし、「子どもたちの代」となったら、どうなるのか。それを心配して、これを建てたのです。たった一本の川ですが、それが人々の心を分け、隔てていくものとなってしまい、「川向こうのやつらは神の民じゃない」と言われることのないために、同じ神の民、同じ神の契約の民であることを物語る、証拠となる記念碑を、このヨルダン川の西岸に、と願ったのでした。これを聞いて、調査団の面々、やれやれ、と胸を撫で下ろしたことでしょう。団長のピネハスは、答えます。

「今日、私たちは、主が私たちの中におられることを知った。あなたがたが主の信頼を裏切らなかったからである。あなたがたは今、イスラエルの子らを主の手から救い出した」(三一節)。

アカン事件の二の舞となり、またも神の怒り、さばきの下にくだるかと思えたのが、「いや、守りの中にあった」と知ることとなりました。それも、今の信仰を次の世代へ、との心配、配慮が生み出したことと知るのは、嬉しいことだったでしょう。主への反逆でなく、主への熱心からだったのですから。

それで、調査団の報告に、カナンの地のイスラエル人たちも満足し、武装を解きました。

これで、危機一髪の困難を回避できました。東部族は、よく心静かに弁明したものです。誤解がもとの告発に熱《いき》り立たなかったのは、彼らの柔和さによるのでしょう。また、子どもたちを思っての企てであったことゆえに、その真剣な思いを語り得たからでしょう。もしここで内乱となれば、数年の戦いで全滅となっていたことでしょう。そうならなくて、ホッとします。この二二章では、丸く納まったのですが、人間共通の弱点というか、誤解の愚かさがもろに出てきていました。それに、調査団の有用さも鮮やかに記録されたのです。

噂で動くな、片口聞いて、もの言うな、の戒めです。噂一つで剣に手をかけていたら、ヨシュア記の最後の数章が、同士討ちに血塗られた悲劇となっていたのですから。何といっても、ひとり合点、誤解の速さ、さばくには速く、確かめるには遅い者たちと自戒することも学びます。私たちは、このピネハス調査団を心にしっかりと常備しておくべきでしょう。流言飛語で教会が混乱、分裂ということも起こりかねません。

とはいっても、誤解させたほうにも落度が、手抜かりがあったのであり、前もって話せばわかることでした。黙って祭壇まがいのものを築くのでなく、説明を先にしておくという手順も取れたでしょう。正しいことだから、という安心もあったのでしょう。しかし、正しければ誤解されないとの保証などありません。自分たちさえわかっていれば良い、というのではなく、そこに他人への配慮が欲しいものです。

そんな教訓にもまして、この二二章で光るのは、ヨルダン東岸に住むことになる人々の、子孫に対する苦心のほどです。子どもたちの世代を思って、健気《けなげ》なほどに知恵を絞り、最善を願っていることです。

この一筋のヨルダン川が、民族の隔たりとなるのではないかと心配している。それで、「証拠」として記念碑を築きました。この親心は涙ぐましいものです。川向こうの人々から、「おまえたちは、神の民でない」と言われる。自分たちも本当は神の民ではないのではないかと思い、信仰から離れて、取り返しのつかないことになる。まさに、そんなことまで心配する「信仰の父祖」の姿です。良いものです。

しかも、子どもたちの信仰の歩みを一番に願うのも、子を思う親心です。孟母三遷といいますが、子どもたちが、孫たちが、信仰から離れてはと心配するこの親心。心を痛め、心配し、知恵を絞る。これが、信仰の父、母として、一番してやれることなのではないでしょうか。学歴のため、就職のため、結婚のため、と子どもを心配する。でも、信仰の父母たる者として思ってやることはやはり子どもの信仰のこと、そのつまずきが起きないようにとのことです。

けれども、なぜこんな心配をすることになったのかといえば、彼らがまだヨルダン川の東側にいたときに、自分たちの土地を要求したことによるのでした。約束の地カナンに入る前に、目の前に広がる広大な土地を自分のものとして手に入れたためです。確かに、主はそれを良しとし、その願いを聞いてくださいました。でも、それゆえに、この心配事を招いたのです。今となっては、あのときにという思いもあったでしょう。川を隔てたために、「主こそが神である」と告白して生きる道に難しさを招いていたのです。川の東側に住んでいながら、私たちの神は川向こうの地で礼拝されている神である、と思い起こす記念碑が必要となるとは！　本来の祝福から一歩離れたために、このことは起こりました。ヨルダン川の西岸に一緒に住んでいたら、何の心配もなかったのに。

何も記さぬヨシュア記ですが、ルベン、ガド、マナセの二部族半、彼らの心中には、そんな悔いの思いが蠢《うごめ》いていたのではないでしょうか。自分の欲心への反省を踏まえたうえで、祝福への妨げを残すまいという心遣いを学び取りたいと思います。そして、約束の地にこそ立ち続ける信仰の歩みを次の世代へと残していく者とさせていただきましょう。

注

1　七年前と思われます。

23　主を愛しなさい

〈ヨシュア二三・一〜一六〉

ヨシュア記も残すところ二章となりました。いよいよ、ヨシュアの告別のことばを読むことになります。彼は、当に百の坂を越えて、世を去った歳*1である百十歳間近であったのではないかと思われます。

「主が、周囲のすべての敵からイスラエルを守って安息を与えられてから、多くの日がたち、ヨシュアは年を重ねて老人になっていた。ヨシュアは全イスラエル、その長老たち、かしらたち、さばき人たち、つかさたちを呼び寄せて彼らに言った」（一〜二節）。

このようにヨシュアは民の指導者たち*2を集めて、「私は年を重ねて老人になった」と口を開きます。長者眉毛にくぼんだ目のヨシュアが想像されますが、一四節で、「見よ。今日、私は地のすべての人が行く道を行こうとしている」と告げるところを見ると、自分の死を間近に感じてもいたのでしょう。モーセの落日に始まったヨシュア記は、ここにもう一つの落日を迎えようとしているのです。ですから、ここで「私は年を重ねて老人になった」と告げたのは、「これから語ることを遺言として聞きなさい」という意味を込めてでしょう。まずは、三節から五節を見ましょう。

「あなたがたは、自分たちの神、**主**が自分たちのために、これらすべての国々に行ったことをすべて見てきた。あなたがたのために戦ったのは、あなたがたの神、**主**である。見よ。私はヨルダン川から日の入る方の大海まで、これらの残っている国々と、すでに私が絶ち滅ぼしたすべての国々を、相続地としてあなたがたの部族にくじで分けた。あなたがたの神、**主**ご自身が、彼らをあなたがたの前から追い払い、あなたがたの目の前から追い出される。あなたがたの神、**主**があなたがたに告げたように彼らの地を占領しなさい。」

真っ先に告げたことは、「あなたがたのために戦ったのは、あなたがたの神、**主**である」という事実確認のことばです。この「戦ったのは」は、「戦い続けたお方は」という言い方です。ずっと、そうでしたし、これからもです。ヨシュア記の記者も同様に、「**主**が、周囲のすべての敵からイスラエルを守って安息を与えられてから」と語っていました。戦いの勝利も、今約束の地において新しい生活ができているのも、すべて主が戦い、主が守ってくださっているお蔭である、と確認させるのです。ヨシュア記一章九節の主のお約束を思い出させることばです。覚えておられるでしょうか。

「わたしはあなたに命じたではないか。強くあれ。雄々しくあれ。恐れてはならない。

おののいてはならない。あなたが行くところどこででも、あなたの神、**主**があなたとともにいるのだから。」

共にいて、勝利をもたらし、敵から守り、安住を許してくださったのは、他のだれでもなく、共におられる「あなたがたの神、**主**」でした。

この後も、ヨシュアは「われらの神、**主**」と言わずに、「あなたがたの神、**主**」とのことばを何度も繰り返して使っています。「あなたがたの神、**主**」と語ることで、まことの神が共におられてこそ享受できる約束の地での幸いな生活であることを肝に銘じさせたかったのであろうと思います。

そのうえで、ヨシュアは、「すでに私が絶ち滅ぼしたすべての国々」と「〔征服されずに〕残っている国々」について、「相続地としてあなたがたの部族にくじで分けた」とこれまでの経過を告げ、そのうちの「残っている国々」は、「あなたがたの神、**主**ご自身が、彼らをあなたがたの前から追い払い、あなたがたの目の前から追い出される」という主のお約束を思い起こさせます。それで、「あなたがたの神、**主**があなたがたに告げたように彼らの地を占領しなさい」と、なすべきことの再確認を迫ります。戦いは、なお続くのです。その戦いが「主が戦われる」戦いであることを覚えて、良き戦いを戦い抜くことを実地に学んできました。エリコの勝利も、アイの初戦での敗北も、主が戦われることを学ぶ出来事でした。だからこそ、主の民であり続けることに最大の注意を喚起するヨシュアです。彼らは神の契約の民なのですから、彼らの神となってくださったお方に対して、それにふさわしい生き方を、六節で「モーセの律法の書に記されていることを、ことごとく断固として守り行いなさい。そこから右にも左にも外れず」と強く迫ります。「断固として守れ」と命じ、「そこから右にも左にも外れてはならない」と戒めるのです。それこそが、神の民としての祝福にとどまる道でした。ヨシュアの生き方そのものですし、イスラエルの民にとっても、そこにこそ神の祝福があることを体験してきた、これまでの歩みであったはずです。

それでも、心配なのでしょう。七節から一三節は、ヨシュアの切々とした、また烈々とした、彼に続く次の世代へのことばです。

「これらの国々、あなたがたの中に残っている、これらの異邦の民と交わらないようにするためである。彼らの神々の名を口にしてはならない。それらによって誓ってはならない。それらに仕えてはならない。それらを拝んではならない。」

この順序がまるで堕落の筋道のように聞こえませんか。残りの国民との交わりに始まり、その神々の名を覚えて口にし、誓いを立てる神となし、仕えることになり、拝むとまで行き着いて、偶像礼拝に堕落する。二二章でも民の堕落の一例に挙げられていたバアル・ペオル事件（民数二五章）も、モアブの女たちとの交わりから始まり、神々を拝むという偶像礼拝へと瞬く間に陥り、神のさばきを受けたのでした。まだまだ記憶に新しい、ヨルダン川東岸での出来事です。偶像の民との交わりを避け、偶像礼拝を忌避することは、真の神から引き離されないために必要なことでした。それで、ヨシュアは「主にすがれ、主を愛せ」と命じるのです。八節から一一節です。

「ただ今日までしてきたように、あなたがたの神、主にすがりなさい。主は、大きくて強い異邦の民をあなたがたの前から追い払われた。だから今日まで、あなたがたの前に立ちはだかることのできる者は、一人としていなかった。あなたがたは一人で千人を追うことができる。あなたがたの神、主ご自身が、あなたがたに約束したとおり、あなたがたのために戦われるからである。だからあなたがたは自分自身に十分に気をつけて、あなたがたの神、主を愛しなさい。」

この命令をイスラエルはモーセを通して聞いていました。申命記一〇章二〇節[*3]に「あなたの神、主を恐れ、主に仕えなさい。主にすがり、御名によって誓いなさい」とあり、申命記では何度もこのような命令が繰り返されます。また、ヨシュアも、モーセに倣って、すぐ前の二二章五節で、「ただ、主のしもべモーセがあなたがたに命じた命令と律法をよく守り行い、あなたがたの神、主を愛し、そのすべての道に歩み、その命令を守り、主にすがり、心を尽くし、いのちを尽くして主に仕えなさい」と、ヨルダン川の東岸の地に戻って行くルベン、ガド、マナセの半部族に命じていました。

それに、イエス様が、受難週に神殿でパリサイ人や律法学者とやり合った折に、申命記六章四、五節を引用されたのを思い出します。

「聞け、イスラエルよ。主は私たちの神。主は唯一である。あなたは心を尽くし、いのちを尽くし、知性を尽くし、力を尽くして、あなたの神、主を愛しなさい」（マルコ一二・二九、三〇）。

これが、イスラエルが神の民として守るべき第一の戒めでした。ヨシュアは、十分に気をつけて、この戒めから離れるな、と命じます。それは、「今日までしてきたように」と語るように、これまでのイスラエルの歩み方でした。圧倒的な勝利を主が下さったことも体験ずみなのです。

ヨシュアは「主にすがれ、主を愛しなさい」と励ますとともに、警告も忘れません。一二節と一三節前半です。

「しかし、もしも、あなたがたが再び堕落して、これらの異邦の民の生き残っている者、すなわち、あなたがたの中に残っているこれらの者たちと親しく交わり、彼らと姻戚関係に入り、あなたがたが彼らの中に入って行き、彼らもあなたがたの中に入って来ることがあれば、あなたがたは、このことをしっかりと知らなければならない。あなたがたの神、主は、もはやこれらの異邦の民をあなたがたの前から追い払われない。」

このように厳重に言い聞かせます。親しく交わり、互いに縁を結び、出入りすることは、普通なら避けるべき罪ではないでしょう。けれども、相手が偶像礼拝の国民であったら、これらすべてが「再び堕落」することを意味するのです。ここの「親しく交わり」と訳されているヘブル語の「ダーバク」は、先ほどの「主にすがりなさい」の「すがる」ということばです。主にすがるべき神の民が、偶像礼拝の国民にすがるとなっては、堕落にほかなりません。それに、ここでは「親しく交わり」と訳されていますが、その意味では創世記の二章最後の「それゆえ、男は父と母を離れ、その妻と結ばれ」の「結ばれ」も同じダーバクですから、偶像礼拝の国民と「一体」[*4]となっては、偶像礼拝の罪に陥らずにいることなどできないのです。

その結果、先には、「主は、大きくて強い異邦の民をあなたがたの前から追い払われた」と告げたばかりのヨシュアですが、その同じ主が、今度は「もはやこれらの異邦の民をあなたがたの前から追い払われない」と宣告します。どんな強大な国であっても追い払う力のあるお方が、追い払ってくださらないのです。

それだけではありません。一三節後半で、「彼らはあなたがたにとって、罠となり、落とし穴となり、あなたがたの脇腹にむちとなり、あなたがたの目にとげとなる。そして、あなたがたは自分たちの神、主がお与えになったこの良い地から滅び失せる」と、滅びの宣告です。約束の地に残されていた異教の民はそのための道具となるのです。「罠」、「落とし穴」となってイスラエル人を虜にします。これを痛めつける「脇腹にむち」、「目にとげ」となるといいます。ことさらに痛そうです。背中でなく、皮膚の弱い脇腹にむち。目に刺さるとげは、もっと怖いものでしょう。それゆえ、交わってはならない、との戒めに真剣に聞き従うことが肝心なのです。「あなたがたは自分自身に十分に気をつけて[*5]、あなたがたの神、主を愛しなさい」の逆を行くと、自分を滅ぼすことになります。待ち受けているのが「罠」であり「落とし穴」であると知ったならば、人はそれを避けるでしょう。しかし、ヨシュアに続く世代は、このせっかくのヨシュアのことばを無視して、罠にかかり、落とし穴に落ち込み、「脇腹にむち」、「目のとげ」で苦しむことになるのです。

「あなたがたは自分たちの神、主がお与えになったこの良い地から滅び失せる」と告げるヨシュアの気持ちはどんなだったでしょう。「あなたがたの神、主がお与えになったこの良い地」とヨシュアは言います。イスラエル民族が自分の力で手に入れたのではありません。それなら、自分の力で守り、失っても取り戻せましょう。主が「大きくて強い異邦の民をあなたがたの前から追い払」って与えてくださったものでした。「あなたがたの神、主」ということばを何度も繰り返して、ヨシュアは語っています。その大切なお方との関係を失うことが、すべてを失っていくことになるのです。

そして、そうならないことをひたすら願って、ことばを続けるヨシュアです。ヨシュアの熱誠あふれる遺言が続いて、あの有名な一四節となります。文語訳で読んでみます。

「視《み》よ。今日、われは世《よの》人の皆ゆく途《みち》を行《ゆか》んとす。汝ら一心一念に善く知るならん。汝らの神ヱホバの汝らにつきて宣《のた》まひし諸《もろもろ》の善事《よき》は一《ひとつ》も缺《かく》る所なかりき。皆なんぢらに臨みて、その中一《うちひとつ》も缺《かけ》たる者なきなり。」

ヨシュアが、「ついにゆく道」の門出に思うことは、主の誠実さ、真実さでした。噛んで含めるように、何度でも語りたかったでしょう。

「見よ。今日、私は地のすべての人が行く道を行こうとしている。あなたがたは心を尽くし、いのちを尽くして、知りなさい。あなたがたの神、**主**があなたがたについて約束されたすべての良いことは、一つもたがわなかったことを。それらはみな、あなたがたのために実現し、一つもたがわなかった。」

「一つもたがわず」です。ヨシュアの若き日から、老年のこの日まで、真実な主の変わらないお姿でした。

そういえば、新約聖書では、年老いたシメオンもまた、主のお約束の真実さをほめたたえつつ、主のみもとに逝きます。開いて見てみましょう。ルカの福音書二章二五節、二六節に、「そのとき、エルサレムにシメオンという人がいた。この人は正しい、敬虔な人で、イスラエルが慰められるのを待ち望んでいた。また、聖霊が彼の上におられた。そして、主のキリストを見るまでは決して死を見ることはないと、聖霊によって告げられていた」とあって、二七節から三二節に、「シメオンが御霊に導かれて宮に入ると、律法の慣習を守るために、両親が幼子イエスを連れて入って来た。シメオンは幼子を腕に抱き、神をほめたたえて言った。『主よ。今こそあなたは、おことばどおり、しもべを安らかに去らせてくださいます。私の目があなたの御救いを見たからです。あなたが万民の前に備えられた救いを。異邦人を照らす啓示の光、御民イスラエルの栄光を」と。

「おことばどおり」に「一つもたがわず」と主をほめたたえて閉じる、ヨシュア、シメオンの信仰の生涯は幸いです。主を信じ切った生涯において、味わえる幸いです。

その真実な「あなたがたの神、主」を愛し、主から離れないように、と繰り返すヨシュアは、神の恵みの豊かさとともに、聖なる神の厳しさも知っていました。一五節、一六節も文語訳で読みます。

「汝らの神ヱホバの汝らに宣《のた》まひし諸《もろもろ》の善事《よき》の汝らに臨みしごとく、ヱホバまた諸《もろもろ》の悪《あし》き事を汝らに降して汝らの神ヱホバの汝らに與へしこの美地《よきち》より終《つひ》に汝らを滅ぼし絶《たち》たまはん。汝ら若《もし》なんぢらの神ヱホバの汝らに命じたまひしその契約を犯し往《ゆき》て、他神《あだしかみ》に事《つか》へてこれに身を鞠《かゞ》むるに於《おい》てはヱホバの震怒《いかり》なんぢらに向《むか》ひて燃《もえ》いでてなんぢらヱホバに與へられし善地《よき》より迅速《すみやか》に亡びうせん。」

ヨシュアにとって、世に残る民はやはり頼りなく見えたのでしょう。神は、すべて良きことのみを下さるお方と考えてはいないか、と心配になります。彼らはアカン事件を知っているはずです。けれども、わかっているといいながらも、神を侮りはしないか、とヨシュアは心配になります。

「決して、神を侮るべきではないぞ」との思いで、切々と言い聞かせるヨシュアは、神のさばきの厳しさを骨身に染みて味わってもいました。あの大指導者モーセがヨルダン川を一歩たりとも渡れなかったのは、どうしてでしたか。[*6] 神に対する不信の罪ゆえでした。神の義にして聖なることの厳しさを知っていたヨシュアです。

このヨシュアと、ヘブロンを譲り受けたカレブだけが、あの日、カデシュ・バルネア[*7]から遣わされた十二人の斥候の中、約束の地を踏んだのです。主のことばを信じたからでした。ヨシュアだけでなく、こうして約束の地を踏めたイスラエルの民も知っていたはずです。なぜ彼らの親たちの世代がすべて荒野に死ぬ者となったか、その理由をです。主の御声に聞き従わなかったからでした。民数記一四章二二〜二三節で、こう宣告が下されていました。

「わたしの栄光と、わたしがエジプトとこの荒野で行ったしるしとを見ながら、十度もこのようにわたしを試み、わたしの声に聞き従わなかった者たちは、だれ一人、わたしが彼らの父祖たちに誓った地を見ることはない。わたしを侮った者たちは、だれ一人、それを見ることはない。」

主を侮らないようにせよ、との思いで語るヨシュアの告別のことばは二四章へ続きます。すべてがヨシュアの老婆心で終わればよかったのですが、やがてイスラエルは約束の地から引き抜かれて、パビロンの地に移し植えられ、その地で神を愛し、神にすがって生きる信仰を学び直すことになるのです。

この二三章からは、ヨシュアが抱いた不安を受けとめ、ヨシュアの訓戒を受けとめ、ヨシュアのように真面目に歩み続けてゆくことを心に銘じたいと思います。主なる神を愛し、主にすがっての歩みに豊かな祝福のあることを知っているのですから。それも、はるかに優れた約束を得て、永遠の世界の世継となる来るべき世を待ち望む者とされているのですから。

注

1　ヨシュア二四・二九に百十歳とあります。

2　二四・一では「イスラエルの全部族」とありますが、ここでは「全イスラエル、［つまり］その長老たち……」とあって、代表者を指すと思われます。

3　申命一三・四には「あなたがたの神、主に従って歩み、主を恐れなければならない。主の命令を守り、御声に聞き従い、主に仕え、主にすがらなければならない」とあり、「愛せよ」は「すがる」に含まれるのであろう。申命一一・二二、三〇・二〇も参照。

4　「それとも、あなたがたは知らないのですか。遊女と交わる者は、彼女と一つのからだになります。『ふたりは一体となる』と言われているからです」（Ⅰコリント六・一六）も、同じ危険を警告します。

5　ヘブル語で「あなたがたのたましいのために」。新共同訳は「心を込めて」。口語訳は「深く慎んで」。

6　申命三二・四八〜五二。特に五一節、「あなたがたがツィンの荒野のメリバテ・カデシュの水のほとりで、イスラエルの子らの間でわたしの信頼を裏切り、イスラエルの子らの間で、わたしを聖なる者としなかったからである」。民数二〇・一二では「イスラエルの子らの見ている前でわたしが聖であることを現さなかった」とあります。

7　ヨシュア一四・七、民数一三・一〜三〇。

24　大石を証しとして

〈ヨシュア二四・一〜三三〉

「これらのことの後、主のしもべ、ヌンの子ヨシュアは百十歳で死んだ」と二九節に記されるように、ヨシュア記は、ヨシュアの死をもって閉じられていきます。「これらのこと」とは、主のしもべとしての最後の務めです。それをなし終えて、ヨシュアは眠りに就きます。ヨシュア自身にも、これらのことを最後の務めとしてなすとの思いというか、覚悟があってのことでしょう。そのための場所を選び、シェケムにイスラエルの全部族を召集します。

ことさらに選んだシェケムは、約束の地カナンに到着したアブラハムが、主なる神から「わたしは、あなたの子孫にこの地を与える」という約束をいただいた折に、主のために祭壇を築いた記念すべき場所でした。創世記一二章の六節、七節です。それに、ヤコブもまた、逃亡先のパダン・アラムからの帰途、約束の地カナンの町シェケムに無事に着いたとき、そこに祭壇を築き、御名を崇めました。遠い先祖以来の、神の尊い導きの記念の地であるシェケムに全イスラエルを集めたヨシュアは、アブラハムの故郷メソポタミアのウルの地にまでさかのぼって語りだします。二節から三節です。

「ヨシュアは民全体に言った。『イスラエルの神、主はこう告げられる。「あなたがたの父祖たち、アブラハムの父でありナホルの父であるテラは昔、ユーフラテス川の向こうに住み、ほかの神々に仕えていた。わたしはあなたがたの父祖アブラハムを、あの大河の向こうから連れて来てカナンの全土を歩かせ、子孫を増し、イサクを与えた。」』」神ご自身が告げる神のみわざをヨシュアは語ります。ユーフラテス川の向こう側から連れて来て、というのですから、神のみわざは壮大です。しかも、その父祖たちはといえば、「ほかの神々に仕えていた」のですから、父祖たちの選びは全くの恵みによる出来事なのです。

しかし、アブラハムには、カナンの全土を歩かせただけでした。もちろん、無意味に事をなさるお方ではありませんから、約束の地の広さを歩いて確かめさせてくださったというこでしょう。甥のロトと別れたアブラハムに、主はこう言われました。創世記一三章一四節と、飛ばして一七節です。

「ロトがアブラムから別れて行った後、主はアブラムに言われた。『さあ、目を上げて、あなたがいる場所から北、南、東、西を見渡しなさい。……立って、この地を縦と横に歩き回りなさい。わたしがあなたに与えるのだから。」

自らの足で歩いて確認できたのは、約束の地の広さだけでなく、「乳と蜜の流れる地」

生に及びます。


と形容された豊かさもでしょう。主なる神の語る父祖への計らいは、約束の子イサクの誕生に及びます。

「そして、わたしはイサクにヤコブとエサウを与え、エサウにはセイルの山地を与えてそれを所有させた。一方、ヤコブと彼の子たちはエジプトに下った」（四節）。約束を受け継ぐべく相続権をもっているヤコブのほうが、墓として買い取った土地以外は寸土も得ずに、約束の地を離れてエジプトに下ることになりました。けれども、約束の主は真実でした。エジプト滞在の四百年を経て、「わたしはモーセとアロンを遣わし、エジプトに災害を下した。わたしがそのただ中で行ったとおりである。その後、わたしはあなたがたを導き出した」（五節）となります。しかも、後ろは追い迫るエジプト軍の戦車と騎兵、前には行く手を塞ぐ葦の海という場面では、間一髪のところで、「彼らは主に叫び求め、主はあなたがたとエジプト人の間に暗闇を置き、海に彼らを襲わせ、彼らをおおわせた」（七節）との奇跡と主のみわざに、主なる神の救いと御力とを体験したイスラエルの民でした。しかし、それにもかかわらず、不信仰ゆえに、「あなたがたの目は、わたしがエジプトで行ったことを見た。そして、あなたがたは長い間、荒野に住んだ」となって、四十年の荒野での生活を余儀なくされたのです。

そして、「わたしは、ヨルダンの川向こうに住んでいたアモリ人の地に、あなたがたを導き入れた」（八節）と、約束の地の東側、川向こうの地での出来事となります。アブラハムへの約束の成就が真近です。ここまでもですが、この後も一三節まで、「わたしは……」と、主ご自身を指しての「わたしは……」ということばがしきりに繰り返されています。事の背後にでなくて、前面に主が出て来ておられます。

八節中ごろから見てください。アモリ人の王との戦いでは、「彼らはあなたがたと戦ったが、わたしは彼らをあなたがたの手に渡し、あなたがたは彼らの地を占領した」とあり、続いて、「わたしはあなたがたの前から彼らを一掃した」と、事はすべて主の力強き御手のわざによることがわかります。

モアブの王ツィポルの子バラクとの戦いも、主の戦いでした。預言者バラムはイスラエルを呪うようにと、王に命じられても祝福を語るばかりでした。一〇節に、「わたしはバラムに耳を傾けようとしなかった。彼はかえって、あなたがたを祝福し、こうして、わたしはあなたがたをバラクの手から救い出した」と、主は告げるのです。

ヨルダン川のこちら側の二重の城壁に囲まれた町エリコの住民も、他のカナンの地の住民たち——アモリ人、ペリジ人、カナン人、ヒッタイト人、ギルガシ人、ヒビ人、エブス人も——「わたしは彼らをあなたがたの手に渡し(た)」と一一節で主は語られます。これも主がなさったことでした。

一二節の、「あなたがたの前にスズメバチを送ったので、スズメバチがアモリ人の二人の王をあなたがたの前から追い払った。あなたがたの剣にもよらず、あなたがたの弓にも

ていると見るのが大方の解釈です。このような心理作戦も主がなさったことですから、

ようなかった」とは、「イスラエル軍来たる」との知らせに、恐怖に襲われたことを言っ

[1]

「わたしは……」と言われるのです。そうして今、「わたしは、あなたが労したのではない地と、あなたがたが建てたのではない町々をあなたがたに与えた。あなたがたはそこに住み、自分で植えたのではない、ぶどう畑とオリーブ畑から食べている」（一三節）と、イスラエルは約束の地を安住の地とすべく獲得したのです。

ユーフラテス側の向こう側に住み、ほかの神々に仕えていた父祖アブラハムの昔から今まで、すべては「わたしがしたことだ」と主は宣言なさるのです。今、この主からのことばを民全体に告げて、「すべてが主のなさったこと」と確認させたうえで、ヨシュアは民に向かって命じます。

「今、あなたがたは主を恐れ、誠実と真実をもって主に仕え、あなたがたの先祖たちが、あの大河の向こうやエジプトで仕えた神々を取り除き、主に仕えなさい」（一四節）。イスラエルの全部族に向かって命じています。ただ一人でも、全イスラエルに対決せんばかりの勢いですし、真剣さです。イスラエルの民の進むべき道、歩み行くべき道は一つです。お約束どおりに真実にここまで導いてくださったお方に仕えることです。選び取るべき道はほかになし、となります。

しかしそれでも、と言うなら、と続く一五節に、ヨシュアの信仰の強さ、揺るぎない主への確信、信頼の思いがそのままことばとなっているようで、ことのほか語るヨシュアの気迫、緊迫した表情が思い描ける場面です。

「主に仕えることが不満なら、あの大河の向こうにいた、あなたがたの先祖が仕えた神々でも、今あなたがたが住んでいる地のアモリ人の神々でも、あなたがたが仕えようと思うものを、今日選ぶがよい。ただし、私と私の家は主に仕える。」

こう言い放つのです。「私は……」などと、自分を前面に出して語ることなどなかったヨシュア記のヨシュアです。しかし、このことにおいては、「われとわが家とは共にヱホバに事えん」と断固として宣言するのです。

「私はこの道を行くが、もしも気に入らないなら、ご自由に。お気に召す神々を選ぶがよい」と突っぱねるがごとく、イスラエルの民、いわば次の世代と対決しているヨシュアです。有無を言わせぬヨシュアのことばに、民は答えます。一六節から一八節です。

「民は答えた。『私たちが主を捨てて、ほかの神々に仕えるなど、絶対にあり得ないことです。私たちの神、主は、私たちと私たちの先祖たちをエジプトの地、奴隷の家から導き上られた方、そして、私たちの目の前であの数々の大きなしるしを行い、私たちが進んだすべての道で、また私たちが通ったあらゆる民の中で、私たちを守ってくださった方だからです。主はあらゆる民を、この地に住んでいたアモリ人を私たちの前から追い払われました。私たちもまた、主に仕えます。このお方が私たちの神だからです。』」実に、期待どおりの応答です。「絶対にそんなことはない」と口を揃えての返答ぶりです。答えの理由も、ヨシュアが教え、説いて聞かせたとおりです。それなのに、続くヨシュアのことばは、頑としてこの答えを聞き入れぬというものです。この長々として、悪く言えば、おうむ返し的な答え方に軽々しさを覚えたのでしょうか。

「ヨシュアは民に言った。『あなたがたは主に仕えることはできない。主は聖なる神、ねたみの神であり、あなたがたの背きや罪を赦さないからである。あなたがたが主を捨てて異国の神々に仕えるなら、あなたがたを幸せにした後でも、主は翻って、あなたがたにわざわいを下し、あなたがたを滅ぼし尽くす』」（一九～二〇節）。

凄い迫り様です。ヨシュアは真剣です。主に従い行く一徹さゆえでしょう。百十歳ほどの老いたヨシュアのどこにこんな気迫があったのでしょう。高齢者のご意見には「ごもっともです」と首を縦に振っておけばよいなんてことでは決して終わらせない気迫です。すると、「民はヨシュアに言った。『いいえ。私たちは主に仕えます』」（二一節）と。今度は、短く、きっぱりと応えます。ことば数が少ないほど、決意は堅いということなのでしょうか。べらべらとしゃべっているうちに、言っていることも希薄になるものなのでしょう。

それで二二節です。

「ヨシュアは民に言った。『主を選んで主に仕えることの証人はあなたがた自身です。』彼らは『私たちが証人です』と言った。」

自らを証人とするということは、道を踏み外して主に仕えることをやめたなら、自分たちにわざわいが下り、滅ぼされてもよいとしたということです。覚悟のほどは確かです。これで終わるかと思うと、もう一度です。第三の太刀が入れられます。

「『今、あなたがたの中にある異国の神々を取り除き、イスラエルの神、**主**に心を傾けなさい。』民はヨシュアに言った。『私たちの神、**主**に仕え、主の御声に聞き従います』」(二三〜二四節)。


以上、三度鋭く迫られ、民は三度これを受けて三度の誓いを立てました。いい加減では終わらせません。徹底ぶりこそが信仰の姿勢だったヨシュアの歩みそのものを思い出させてくれます。神への忠誠心というなら、黙々とみことばにのみ従ってきたヨシュアです。それを、そのまま受け継がせようとするヨシュア、この人にあっての、この気迫です。自分がいい加減だったら、ここまで、三度も民に迫り誓わせるなどということは、とてもやらなかったでしょう。ふと、ペテロに三度「わたしを愛していますか」と迫られた主イエスのお姿と重なりました。いい加減ではない、ペテロを思う主の思いのほどに気づきました。

三度の誓いの声を聞いて、ヨシュアはこれに応えます。

「ヨシュアはその日、民と契約を結び、シェケムで彼らのために掟と定めを置いた。ヨシュアはこれらのことばを神のみおしえの書に記し、大きな石を取り、主の聖所にある樫の木の下に立てた。ヨシュアは民全体に言った。『見よ、この石は私たちに対して証しとなる。この石は、主が私たちに語られたすべてのことばを聞いたからである。あなたがたが自分の神を否むことがないように、これはあなたがたに対して証しとなる。』ヨシュアは民をそれぞれ自分の相続地に送り出した」（二五～二八節）。

最後の最後までヨシュア的です。「この石、なんじらの證《あかし》となるべし」との声が心に刻み込まれて、それぞれ帰って行ったことでしょう。そして、二九節、「これらのことの後、主のしもべ、ヌンの子ヨシュアは百十歳で死んだ」のです。次の世代への心配、不安はなお残っていたことでしょう。三度の誓いでなく、十度でも、百度でも、いや、ずっと生き続けて民を見守り、導きたいと願ったことでしょう。それは、だれしもかなわぬことですが。そしてこう記されます。

「人々は彼をガアシュ山の北、エフライムの山地にある、彼の相続地の領域にあるティムナテ・セラフに葬った」（三〇節）。

「強くあれ。雄々しくあれ。あなたはわたしが父祖たちに与えると誓った地を、この民に受け継がせなければならないからだ」（一・六）と、主に激励されて歩み出したヨシュアでした。今、確かに約束の地を民に継がせ、新たな歩みへと、誓いをもって、その相続地に送り出しました。

使命完了でした。もはや、父祖たちのように、他人に土地を求めて葬るというのではなく、自分の相続地に遺骸を葬りました。主が、父祖たちへの誓いどおりに、この地へと導いてくださっていたのです。主の真実さを知ります。

それに、「わたしは……」とヨシュアの上から民に迫る神ご自身のお姿もヨシュア記の宝です。あのヨシュアの迫力はむしろ、このお方の迫力です。民に対して「わたしは……」と迫りくるお方を、ヨシュアは知っていました。その主の迫りを感じてのことだったのでしょう。「わたしは……」と、ほかの神々に仕えていた父祖アブラハムをユーフラテス川の向こう側から約束の地へと、イスラエルをエジプトから民族として約束の地へ連れて来られた神なる主です。主の「わたしは……」との迫りくる思いこそ、しっかりと受けとめて、これに応えよ、と言います。三度の誓いを立てさせていたヨシュアです。主の真実さにこそ応えて生きよ、と。


けれども、三一節にこう記されています。

「ヨシュアがいた間、また、**主**がイスラエルのために行われたすべてのわざを経験して、ヨシュアより長生きした長老たちがいた間、イスラエルは**主**に仕えた。」

その後のことが記されるのです。残念です。勇者ヨシュアの息のかかった者の生きている間は主に仕えていました。ヨシュアという太陽が沈んでも、なおしばらく、日の光を残す夕焼け雲が赤々と名残をとどめている間だけです。そこまでです。

信仰の導き手がいることの尊さを知ります。こうしてヨシュアの時代は終わります。

「イスラエルの子らがエジプトから携え上ったヨセフの遺骸は、シェケムの地、すなわち、ヤコブが百ケシタでシェケムの父ハモルの子たちから買い取った野の一画に葬った。そこはヨセフ族の相続地となっていた。アロンの子エルアザルは死んだ。彼は、自分の子ピネハスに与えられた、エフライムの山地にあるギブアに葬られた」（三二～三三節）。

それぞれ、約束の地で、それぞれの相続地に葬った、と記されて終わります。かつては、代金を払って購入した土地も、今は相続地となりました。確かに約束どおりに。主の真実さが証しされたヨシュア記でした。その主なる神の前に、いかに生きるか、との問いを投げかけて終わるヨシュア記です。

「私と私の家は主に仕える。」

さて、あなたはどうされますか。何に仕えて生きるのでしょうか。

注

1　NETが'terror'、NEBが'panic'で、他のKJV、NKJV、NASB、NIV、NR

ＳＶは 'hornet' と訳す。なお、この語ツィルアーの訳語は、'hornet' (Gesenius), 'depression or discouragement' (Koehler/Baumgartner) とある。新改訳２０１７は、出エジプト二三・二八、申命七・二〇の脚注に「疫病」「落胆」の別訳を置く。

あとがき

「ヨシュア記」の講解説教を「シリーズ・旧約聖書に聴く」の一端に加えていただき、「主の約束を信じ、主に従う」というヨシュアの徹底した信仰の生涯を通して、「主を信じ、主にみことばに従順たること」への奨励を分かち合うことができることを幸いと存じます。

ヨシュア記との出合いは、奉仕神学生として三年間通った杉並教会（当時は、日本基督長老教会所属）での小畑進牧師の説教を通してでした。当時、入信後わずか一年ほどで献身し、神学校での学びを始めた者にとって、まさに「三つ子のたましい」が霊的に滋養豊かな食物を得て養いを受けるとの恵みをいただいた時期でした。そのときの説教メモと記憶とが、後に講解説教を生み出す際に大きな道標となりました。

その三年間、朝・夕拝に祈禱会と、週三回の説教を聞く機会は、「聖書に聴く」ということでは、聖書に正しく聴く「聴き方」をも学ぶ時となり、「聴くにも語るにも」それにふさわしい信仰の必要を同時に教えられていたと思い起こします。もとより、理科系の出身で研究職を目指していた文系軽視の思考回路にとっては、実に新鮮で刺激的であったのが、広い思想的な背景を駆使しての「読み説き」の仕方でした。東洋思想を神学校の授業では同師より学んでいましたが、説教の中での使われ方を目の当たりにしてというか、耳にして、「一般教養」が説教と結びつくことを知って「説教者に雑学なし」とのことを納得したものです。

教会における「ヨシュア記」の説教は、無牧教会での応援説教も含めて、新しい任地での説教シリーズに加えてきました。牧師の交替や無牧の状態をよぎなくされるなかで、信仰の基本的な一致を目指す手立てとしてヨシュアの信仰と生き方を学び、信仰を養われ、確信を強められることを願ってのことでした。とはいえ、家内との昔話の中で、ヨシュア記を「自分の信仰を励ますためにしていたのでしょう」と言われて、確かにそれぞれの困難を抱えた教会を励まし育てるより、若く牧師になり立ての自分を励まして、主よりいただいた務めに向かわせるとの思いがあったことは否めません。

もともとは新改訳聖書第三版での原稿でしたが、これを２０１７版に改めて、必要な助言を下さり、さらに地図作成の労も取ってくださった長沢俊夫氏に感謝を申し上げます。

カナンの地ならぬ、御国の相続のために、みことばに聴き、主に従い行く主にある聖徒たちの歩みが全うされますようにと願いつつ、

二〇二二年十二月

柴田 敏彦

*聖書 新改訳 2017© 2017 新日本聖書刊行会 許諾番号 4-1-826 号

主の約束を信じ、主に従う

2023年2月25日 発行

著　者　柴田敏彦

印刷製本　日本ハイコム株式会社

発　行　いのちのことば社

〒164-0001 東京都中野区中野2-1-5
電話 03-5341-6922（編集）
03-5341-6920（営業）
FAX03-5341-6921
e-mail:support@wlpm.or.jp
http://www.wlpm.or.jp/

ISBN 978-4-264-04402-4